珍藏本
纪念版

汉译世界学术名著丛书

中世纪的城市

（经济和社会史评论）

〔比利时〕亨利·皮雷纳 著

陈国樑 译

2017年·北京

Henri Pirenne

LES VILLES DU MOYEN AGE

Essai d'histoire

économique et sociale

Bruxelles, Maurice Lamertin, Éditeur, 1927

据比利时布鲁塞尔莫里斯·拉默坦出版社1927年法文版译出

汉译世界学术名著丛书
（120 年纪念版·珍藏本）
出 版 说 明

2017 年 2 月 11 日，商务印书馆迎来 120 岁的生日。120 年前，商务印书馆前贤怀揣文化救国的理想，抱持“昌明教育，开启民智”的使命，立足本土，放眼寰宇，以出版为津梁，沟通中西，为中国、为世界提供最富智慧的思想文化成果。无论世事白云苍狗，潮流左右激荡，甚至战火硝烟弥漫，始终践行学术报国之志，无改初心。

迻译世界各国学术名著，即其一端。早在 20 世纪初年便出版《原富》《天演论》等影响至今的代表性著作，1950 年代后更致力于外国哲学和社会科学经典的译介，及至 1980 年代，辑为“汉译世界学术名著丛书”，汇涓为流，蔚为大观。丛书自 1981 年开始出版，历时三十余年，迄今已推出七百种，是我国现代出版史上规模最大、最为重要的学术翻译工程。

丛书所选之书，立场观点不囿于一派，学科领域不限于一门，皆为文明开启以来，各时代、各国家、各民族的思想与文化精粹，代表着人类已经到达过的精神境界。丛书系统译介世界学术经典，引领时代思想，为本土原创学术的发展提供丰富的文化滋养，为推动中国现代学术和现代化进程做出了突出的贡献。

为纪念商务印书馆成立120周年，我们整体推出“汉译世界学术名著丛书”120年纪念版的珍藏本，寄望既利于文化积累，又便于研读查考，同时向长期支持丛书出版的译者、编者和读者致以敬意。

两甲子后的今天，商务印书馆又站在了一个新的历史时间节点上。我们不仅要铭记先辈的身影和足迹，更须让我们的步伐充满新的时代精神。这是商务人代代相传的事业，更是与国家和民族的命运始终紧密相连的事业。我们责无旁贷，必须做好我们这代人的传承与创造，让我们的努力和成果不仅凝聚成民族文化的记忆，还能成为后来人可以接续的事业。唯此，才能不负前贤，无愧来者。

商务印书馆编辑部

2017年10月

目　录

第一章　至8世纪末的地中海商业

如果俯瞰罗马帝国，首先得到的一个强烈印象是它的地中海特性。帝国的疆土几乎没有超过它所四面环抱的那个内陆大湖的沿岸地区。莱茵河、多瑙河、幼发拉底河和撒哈拉等边远地区形成保护地中海周边地区的广阔防御圈。毋庸置疑，地中海是罗马帝国政治统一和经济统一的保证。帝国的存在依赖于它对海的控制权。如果没有这条重要的交通线，则对于罗马世界的管理和供应都是不可能的。当帝国逐渐衰老的时候，帝国的海的特性更加突出起来，看到这一点是很有意思的。帝国以前的内陆首都罗马在4世纪时被放弃了，取代它的是一个既是首都又是良港的城市——君士坦丁堡。

的确，从3世纪末期起，帝国的文明便暴露出无可否认的衰落现象：人口下降；力量衰退；蛮族开始威胁边界；政府竭力为着本身的生存而斗争，日益增加开支，导致税收剥削，使人民越来越受国家的奴役。然而这种衰落似乎没有明显地危害地中海的航运。地中海仍然是活跃的，这与逐渐陷入死气沉沉的大陆各省形成对照。地中海继续使东部和西部保持着接触。在受同一海水浸润的如此迥异的地域之间，加工的产品或天然的产物的交流未见停止：君士坦丁堡、埃德萨、安条克和亚历山大的织物；叙利亚的酒、油和香料；埃及的纸草；埃及、非洲和西班牙的小麦以及高卢和意大利的酒。以金索利达为基础的君士坦丁货币制度的改革，甚至可能大大地促进了商业活动，因为改革使商业活动得到好处，可以使用一种优异的货币，这种货币被普遍用作交换的工具和表示价格的手段。

在帝国的两大地区——东部和西部之间，东部不仅文明比较优越而且经济活跃的程度高得多，所以远远超过西部。在4世纪以后，除在东部以外，不复存在真正的大城市。也正是在东部，出口工业尤其是纺织工业集中在叙利亚和小亚细亚，罗马世界是这些工业的市场，叙利亚船只负责运输。叙利亚人在商业上的优势定然是后期罗马帝国历史上引人注目的事实之一。[①] 叙利亚人在商业上的优势必定大大有助于最终可能拜占庭化的社会逐步东方化。以海为媒介的这种东方化清楚地证明，当衰老中的帝国逐渐变弱，在蛮族的压力下从北方后撤，越来越收缩到地中海沿岸的时候，地中海的重要性日益增长。

因此当我们看到下述情况的时候就不会感到惊奇：即日耳曼人从入侵时期之始，竭力推进到地中海海岸以定居在那里。当3世纪边界在他们的压力之下第一次后移的时候，他们一起冲向南方。库阿迪人和马尔科马尼人侵入意大利，哥特人开向博斯普鲁斯海峡，法兰克人、苏埃维人和汪达尔人渡过莱茵河，片刻不停地

① P. 舍费尔-博伊肖斯特：《在西方的叙利亚人的历史》〔《奥地利历史研究所通报》，第6卷（1885年），第521页〕；L. 布雷伊埃：《中世纪初期东方人在西方的侨居地》〔《拜占庭杂志》，第12卷（1903年）〕。参阅F. 居蒙：《在罗马异教中的东方宗教》，第132页（巴黎，1907年）。

迅即推向阿基坦和西班牙。他们不想定居在与他们接壤的北方各省。显然，他们垂涎那些气候温和、土地肥沃，因而富裕丰足、文明迷人的福地乐土。

蛮族最初的尝试只是留下一些废墟，并未造成其他持续性的后果。罗马还有足够的力量将入侵者赶过莱茵河和多瑙河去。在一个半世纪中，罗马耗尽了军队和财力，终于遏制住了他们。然而日耳曼人和帝国之间的力量对比变得越来越不平衡：日耳曼人的压力变得越来越大，因为人口的增长使得他们更加迫不及待地向外扩张；而帝国人口的减少，越来越不能进行抵抗，不过我们不禁钦佩帝国进行抵抗的技巧和坚韧。5世纪初，大势已去。整个西部地区遭受侵占。罗马诸省变成日耳曼诸王国。汪达尔人定居在非洲，西哥特人在阿基坦和西班牙，勃艮第人在罗讷河流域，东哥特人在意大利。

这个国家名单是有意义的。我们可以看到这些都是地中海国家。这足以说明，虽然征服者最后可以随心所欲地定居在他们所喜爱的任何地方，但他们的目标却是海，就是罗马人在漫长的岁月中既亲切又自豪地称之为*我们的海*的那个海。征服者急于沿海岸定居下来，欣赏那里的美景，所以他们无有例外地一起向海走去。如果说法兰克人开始时并未到达地中海，那是因为他们来得太迟，发现地盘已被占尽。但是他们仍然坚持在那里争取地盘。克洛维[①]已经想要征服普罗旺斯，准是狄奥多里克的干涉使他未能将王国的边界伸展到蔚蓝色的海岸。起初未能得逞不可能使他的继

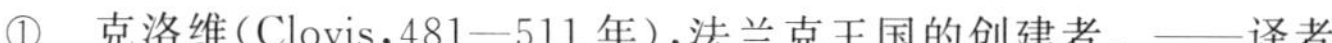

① 克洛维（Clovis，481—511年），法兰克王国的创建者。——译者

承者们气馁。四分之一世纪以后，在536年，他们利用查士丁尼进攻东哥特人的机会，迫使东哥特人把他们垂涎的地区让给了他们。看看从此以后墨洛温王朝又如何坚持不懈地逐步变成一个地中海强国，那是激动人心的。希尔德贝尔和克洛泰尔①于542年冒险进行越过比利牛斯山的远征，然而出师不利。意大利特别引起法兰克国王们的垂涎。他们首先与拜占庭人而后与伦巴德人结盟，希望立足于阿尔卑斯山以南。他们屡次受挫然而再接再厉。539年特德贝尔②已经越过了阿尔卑斯山，而在其所占领的地方于553年为纳赛斯③夺回之后，他在584至585年和588至590年间进行了多次的努力，以重新夺取这些地方。

日耳曼人定居在地中海沿岸绝不标志着这是欧洲历史上一个新时期的转捩点。尽管这件事所引起的后果是巨大的，然而它并未把过去彻底摧毁，也未打断传统。入侵者的目的不是消灭罗马帝国，而是想在那里安居乐业。总的说来，他们所保留下来的东西，远远超过他们所破坏的东西以及他们所带来的新东西。确实，他们在帝国的土地上建立起来的诸王国，使帝国作为一个国家来说在西部欧洲消失了。从政治观点来看，从此以后退缩到东部的罗马世界失去了以往使帝国的疆界与基督教的疆界相一致的基督教世界帝国的性质。然而帝国远未从此变得与其失去的省份毫不相干。在那些地方，帝国的统治消失以后，帝国的文明还存在着。帝国的文明通过教会、语言以及通过制度和法律的优越性而使征

① 希尔德贝尔（Childebert）和克洛泰尔（Clothaire），克洛维之子。——译者

② 特德贝尔（Theudebert），克洛维之孙。——译者

③ 纳赛斯（Narsès，472—568年），查士丁尼的将军，曾任意大利总督。——译者

服者接受。在随着入侵而产生的动荡、不安、贫困和混乱之中，帝国的文明确实有所衰退，即使在这种衰退之中，仍然保留着鲜明的罗马的面貌。日耳曼人不可能，况且也不想摒弃帝国的文明。他们使帝国的文明粗俗化，但是并未有意识地使之日耳曼化。

这种论断的最好证明就是帝国的海的特性一直保持到8世纪，刚才我们已经指出海的特性是帝国的基本特性。在入侵时期之后地中海并未失去其重要性。地中海对于日耳曼人来说仍旧是他们到来以前的那样：欧洲的中心，我们的海。因此尽管废黜西罗马的最后一个皇帝(476年)在政治方面非常重要，然而这件事并不足以使历史的进程改变遵循了几个世纪的方向。相反，历史在同一个舞台上并在同样的影响下继续向前发展，还没有迹象预示罗马帝国创建的从大力神柱①到爱琴海、从埃及和非洲海岸到高卢、意大利和西班牙海滨的文明共同体的终结。尽管新世界沦为蛮族的殖民地，但就总的轮廓而言，新世界保留了古代世界的面貌。研究从罗慕路斯·奥古斯都鲁斯②到查理大帝的历史进程必须始终注视着地中海。③

所有重大的历史事件都在地中海的沿岸展开。从493至526年，狄奥多里克统治下的意大利拥有对日耳曼诸王国的霸权，罗马的传统力量通过这个霸权得以持续和确保。以后，狄奥多里克去

① 大力神柱指欧洲的直布罗陀角和非洲的休达角，相传这两个海角是由大力神的臂膀分开的。——译者

② 罗慕路斯·奥古斯都鲁斯(Romulus Augustulus)，西罗马的末代皇帝(475—476年)。——译者

③ H.皮雷纳:《穆罕默德和查理大帝》(《比利时文献和历史杂志》，第1卷〈1922年〉，第77页)。

世了，而这种力量更为清楚地显示出来。查士丁尼差不多恢复了帝国的统一(527—565年)。非洲、西班牙和意大利被收复，地中海又成为罗马的一个湖。确实，拜占庭由于实力的大量消耗而衰弱，对于所取得的惊人业绩，既不能将其完成，甚至也不能保持其完整。伦巴德人从它那里夺走了意大利北部(568年)；西哥特人摆脱了它的桎梏。然而它并未放弃它的抱负。它仍然长期保有非洲、西西里和南意大利。由于地中海，它并未停止对西部的控制。它的舰队如此牢靠地掌握着地中海的控制权，以致欧洲的命运在当时比以往任何时候都更加依赖地中海的波涛。

政治的演变是如此，文明如果不是比之更甚的话，也不会比之逊色的。还需说起波提乌斯(480—525年)①和卡西奥多罗斯(477—约562年)②如同圣本笃(480—543年)和教皇格雷戈里一世(590—604年)一样是意大利人，塞维利亚的伊西多尔(570—636年)③是西班牙人吗？正是在意大利保留了最后的一些学校，与此同时意大利把修道制度传播到阿尔卑斯山以北。正是在意大利，古代文化留下的东西与在教会之中产生的新东西相互汇合。西部教会所显示的一切具有活力的东西汇合在地中海地区，只有在那里教会才具有能够发动伟大事业的组织和精神力量。在高卢北部，教士处于粗俗和软弱状态。基督教必须从遥远的意大利海岸，而不是从邻近的高卢海岸，传给盎格鲁-撒克逊人(596年)。

① 波提乌斯(Boëthius)，古罗马晚期哲学家，曾为东哥特国王狄奥多里克所重用。——译者

② 卡西奥多罗斯(Cassiodorus)，狄奥多里克时期的作家、政治家。——译者

③ 伊西多尔(Isidore)，塞维利亚的大主教。——译者

圣奥古斯丁到达盎格鲁-撒克逊人中间,也是地中海保持着历史重要性的明显证据。如果我们想到爱尔兰的福音传教归功于来自马赛的传教士,比利时的使徒圣阿芒德(死于约675年)和圣勒马克尔(死于约668年)都是阿基坦人,则圣奥古斯丁到达盎格鲁-撒克逊人中间这件事情看来就更有意义了。

更为清楚的是,欧洲经济的演变看来是罗马帝国经济演变的直接延续。或许在经济领域如同在所有其他领域一样,出现了社会景气的下降。我们已经看到在帝国末期出现衰退现象,入侵的灾难自然使这种现象更加突出。但是,如果认为日耳曼人的到来所造成的后果,是单纯的农业经济和商品流通的普遍停滞代替了城市生活和商业活动,那就是大错特错了。[①] 所谓蛮族人厌恶城市的说法,是公认的神话,已为事实所揭穿。尽管在帝国的边远地区,某些城市遭到抢劫、焚毁和破坏,然而无可否认的是,绝大多数的城市得以幸存。统计一下今天存在于法国、意大利甚至莱茵河和多瑙河沿岸的城市,可以证明这些城市中大多数都坐落在原来罗马城市所在的地方,而且它们的名字也往往只是罗马城市名字的变形。

我们知道教会是按照帝国行政区域来划分教区的。一般来说,每个主教管区相当于一个城市。因为教会组织在入侵时期几乎一点没有改变,结果在日耳曼征服者建立的新王国中,教会组织保留了它的城市特性。这是确确实实的,以致从6世纪起,城市一

① A.多普施:《欧洲文化发展的经济和社会基础》,第2卷,第527页(维也纳,1920年),有力地驳斥了所谓日耳曼人使罗马文明消失的观点。

词具有主教管辖城市即主教管区中心的特殊含义。作为教会基础的帝国灭亡之后，教会得以幸存，因此教会在保卫罗马城市的生存方面做出了很大的贡献。

但是也应该承认，这些城市本身也长期保持着很大的重要性。并不是日耳曼人一到，城市制度就骤然消失了。我们看到，不仅在意大利，而且在西班牙，甚至在高卢，这些城市保留着十人团——一种由拥有司法和行政权力的地方长官组成的团体。它的细节我们不清楚，但是它存在和起源于罗马却是不容否认的[①]。我们还看到在这些城市里设有城市保卫官，并且把正式的法令记入城市志。另一方面，更为无可置疑的是，在我们看来这些城市是经济活动的中心，这种经济活动也是以前文明的遗存。每座城市仍是周围农村的市场、所在地区大地主的冬居地，只要地理位置适中，它也是商业的中心，距离地中海海岸愈近，商业发展程度愈高。读一读图尔的格雷戈里的著作就足以使自己相信，在他那个时代的高卢还有一个定居在城市的专业商人阶级。在一些非常有代表性的段落中，他提到凡尔登、巴黎、奥尔良、克莱蒙费朗、马赛、尼姆和波尔多的商人。[②] 或许应该注意不要夸大他们的重要性，而低估他们的价值同样也是大错特错。无疑，墨洛温高卢的经济组织在大得多的程度上是建立在农业而不是任何其他活动形式的基础上

① 菲斯泰尔·德·库朗热:《法兰克王国》,第 236 页;A. 多普施:《欧洲文化发展的经济和社会基础》,第 2 卷,第 342 页;E. 迈尔:《德国和法国政治制度史》,第 1 卷,第 296 页(莱比锡,1899 年)。

② 见《法兰克人史》,克鲁施校注,第 4 卷,第 43 节;第 6 卷,第 45 节;第 8 卷,第 1、33 节;第 3 卷,第 34 节。

的，因为在罗马帝国时期已经是这样，所以这时情况更为明显。但是这并不妨碍内部的商品流通即食物与商品的进出口起着相当积极的作用，以致应该承认这种进出口对于社会生计是必不可少的。商品通行税卡的收入提供了一个间接的证明。我们知道，罗马行政当局在公路、港口、桥梁和其他地方设置的征收通行税的关卡被称为商品通行税卡。法兰克的国王们让这些关卡全部继续存在，并且从中得到如此大量的收入，以致征收这类捐税的人员名列在国王的最有用的官员之中。

日耳曼人入侵以后商业得以保持，同时作为商业中心的城市以及作为商业工具的商人也得以继续存在，这一切是由于地中海贸易还在继续。君士坦丁大帝以后地中海贸易是个什么样子，在5至8世纪，从大的轮廓来看，地中海贸易还是那个样子。地中海贸易的衰落在加剧，事实或许如此；然而，拜占庭的东部和蛮族统治的西部之间呈现出一幅不曾间断的相互交往的图景，这也同样是事实。通过从西班牙和高卢海岸到叙利亚和小亚细亚海岸的航运，地中海沿岸地区继续保持几个世纪以来在帝国共同体内形成的经济统一。由于处在地中海沿岸地区，罗马世界的经济组织在政治分裂以后得以继续存在下来。

即使没有其他证据，法兰克诸王的货币制度就足以清楚地证明这一事实。这种制度大家所知甚多，这里毋庸赘述，它纯粹是罗马的，严格地说是罗马-拜占庭的。这种货币制度之所以是罗马-拜占庭的，是由于这种货币制度所铸造的硬币是索利达(solidus)、特里恩(triens)和德纳鲁(denarius)，即苏(sou)、三分之一苏(le tiers de sou)和德尼埃(denier)；还由于这种货币制度所用的金属是金子，金子用来铸造苏和三分之一苏；也由于这种货币制度所给予硬币的重量；最后还由于这种货币制度所规定铸在硬币上的塑像。请注意：在墨洛温诸王时期，铸币厂长期保留着这样的习惯，即在硬币正面铸上皇帝的胸像，在其反面铸上皇帝的胜利的象征，并且这种模仿趋于极端，当拜占庭人用十字架代替那次胜利的象征时，他们立即效法。如此十足的奴颜婢膝非用某种迫切的理由来解释不可。原因显然在于必须保持当地货币与帝国货币之间的一致性。如果不是在墨洛温的商业和地中海整体商业之间继续存在着最紧密的联系，换句话说，如果不是墨洛温的商业继续紧紧地和拜占庭帝国的商业联系在一起，则保持货币的一致性就是毫无理由的。[①] 而且，关于这种联系还有大量的证据，这里只要提出其中最有意义的几件也就足够了。

首先请注意，直到8世纪初，马赛继续是高卢的大港。图尔的格雷戈里在他所写的大量轶闻中有时谈到这座城市，从他的措辞来看，我们不能不认为马赛是一个特别生气勃勃的经济中心。[②] 非常活跃的航运把马赛与君士坦丁堡、叙利亚、非洲、埃及、西班牙和意大利联结在一起。东部地区的产品——纸草、香料、奢华的织品、酒和油——是经常输入马赛的物品。外国商人，大部分是犹太

① M. 普鲁：《巴黎国家图书馆墨洛温王朝货币目录》的“序言”；H. 皮雷纳：《经济对比：墨洛温王朝和加洛林王朝》〔《比利时文献和历史杂志》，第2卷(1923年)，第225页〕。

② 《法兰克人史》，克鲁施校注，第4卷，第43节；第5卷，第5节；第6卷，第17、24节；第9卷，第22节。参阅教皇格雷戈里一世：《书信集》，I，45。——在马赛有一个仓库(cellarium fisci，catabolus)，内中有一个钱柜，进口税款无疑存放在那里，7世纪末还存放着相当多的钱财，俾使国王能够依靠这个钱柜建立为数达100金苏的年金。请看《德意志历史文献·证书》，第1卷，第61和62节所载圣德尼修道院的例子。参阅《德意志历史文献·墨洛温王朝的著述》，第2卷，第406页。

人和叙利亚人，在马赛安家。他们的国籍表明了马赛和拜占庭各地区之间关系的紧密。最后，墨洛温时代在马赛所铸造的数量非常之大的硬币为那里商业的活跃提供了物证。① 该城的人口除了商人以外一定还包括人数相当众多的工匠阶级。② 因此从各个方面来看，马赛在法兰克诸王统治时期似乎都很好地保留了罗马城市鲜明的城市特性。

马赛经济的发展自然蔓延到该港的腹地。在马赛的吸引下，高卢的全部商业都朝向地中海。法兰克王国最重要的商品通行税卡就设置在该城附近的福斯、阿尔、土伦、索格、瓦朗斯、维也纳和阿维尼翁。③ 这就清楚地证明在马赛上岸的商品被运往内地。商品既经过罗马的公路也经过罗讷河与索恩河到达王国的北部。我们还有国王准许科比修道院免向福斯征税卡缴纳大量食物和产品的通行税的证书，可以看到在这些免税的物产中既有纸草也有来自东方的品种异常繁多的香料。④ 在这种情况下，做出下述假定

① M.普鲁：《巴黎国家图书馆墨洛温王朝货币目录》，第300页。

② 确实不可能不设想在马赛有一个工匠阶级，人数之多至少相当于6世纪中叶还存在于阿尔的工匠阶级。F.基内：《普罗旺斯政治制度史》，第29页（莱比锡，1900年）。

③ 《马库尔菲的税则》，措伊默尔校注，第100页，第1节。

④ L.勒维兰：《墨洛温王朝和加洛林王朝授予科比修道院的特许状的考证研究》，第220、231、235页（巴黎，1902年）。这里说到的是埃克斯-昂-普罗旺斯附近的福斯商品通行税卡。《马库尔菲的税则》（措伊默尔校注，第11页）证明鱼汁、海枣、胡椒和其他许多东方产品是高卢北部的日常食品。至于纸草，《科比的阿达拉尔的章程》的附录中保留着一份文献（盖拉尔校注：《修道院长伊尔米农的土地农奴清册》，第2卷，第336页），证明纸草必定是广为传播的日常用品。因为这份文献同油脂一起提到纸草，所以可以相信纸草像今天的油纸一样用作灯笼的护罩。我知道有人认为上述文献是加洛林时代的东西。但是人们只能提出这份文献是附录在《阿达拉尔的章程》之后作为这种看法的论据，除此以外不能提出任何其他理由。这种情况不足为凭。由于纸草从9世纪初期起消失，我们不得不把这份珍奇的文献的时间上溯一百年左右。

不可谓之大胆，即大西洋沿岸的鲁昂港和南特港以及北海沿岸的康托维克港和杜尔斯泰德港的商业活动是靠马赛的吸引力来维持的。圣德尼市集如同香巴尼市集将在 12 和 13 世纪所做的那样（我们可以认为圣德尼市集是香巴尼市集的“前兆”），使得经鲁昂和康托维克而来的盎格鲁-撒克逊商人与伦巴第、西班牙、普罗旺斯的商人取得接触，因而使得他们参加地中海的商业活动。① 但是显然在王国的南部地中海的影响最为明显。墨洛温高卢的所有最大的城市如同罗马帝国时代一样全部在卢瓦尔河以南。图尔的格雷戈里提供的关于克莱蒙费朗和奥尔良的详细情况，表明在这些地方的墙垣之内有犹太人和叙利亚人的名副其实的殖民地。如果说我们没有理由认为享有特权地位的那些“城镇”尚且如此，像波尔多和里昂那样一些更为重要得多的中心也一定是如此。而且我们知道在加洛林时代里昂仍有为数很多的犹太居民。②

或许这就足以得出如下结论：由于地中海航运的继续与马赛所起的中转站的作用，墨洛温时代存在着我们确实可以称之为国际贸易的活动。如果认为在高卢的东方商人的买卖只限于奢侈品，则肯定是错误的。或许贩卖金银器、陶瓷器和丝织品可以使他们牟取巨利，但是这不足以解释为何他们人数特别之多，而且他们异常地遍及全国。马赛贸易首先是靠一般消费品如酒、油（且不说

---

① 629 年批准圣德尼修道院对该市集征税的《达戈贝尔的证书》（《德意志历史文献·证书》，第 1 卷，第 140 页）普遍地被认为值得怀疑。然而人们提不出足以否定这份证书真实性的有效证据。而且即使这份文献不是出自达戈贝尔的中书省，它也无疑是加洛林时期以前的东西，人们没有理由对它向我们提供的有关经常举行圣德尼市集的详细情况表示怀疑。

② 见《阿戈巴尔的书信》（《德意志历史文献·书信》，第 5 卷，第 184 页以下）。

香料和纸草)来维持的。如上所述,这些商品输出到北部。因此,我们不得不认为法兰克王国的东方商人在从事批发生意。他们的船只在马赛码头卸货之后,当离开普罗旺斯海岸的时候,带回去的肯定不仅有旅客而且还有回程货物。确实我们所掌握的资料并未向我们提供有关这些货物的性质的情况。在各种推测之中,可能性最大的是,这些货物中至少很大一部分是当作货物的人,也就是奴隶。直到 9 世纪末奴隶贸易在法兰克王国一直进行着。对萨克森、图林根和斯拉夫地区的蛮族人所发动的战争为奴隶贸易提供了似乎相当丰富的货源。图尔的格雷戈里谈到了属于奥尔良的一个商人的一些萨克森奴隶。[①] 下述推测的可能性是很大的:这个萨莫在 7 世纪的上半叶带着一帮伙伴前往温德人的国家,最后成了那里的国王,萨莫只不过是一个贩卖奴隶的冒险家。[②] 最后请注意,犹太人在 9 世纪时仍旧相当积极地从事的奴隶贸易一定可以追溯到更早的时期。

虽然墨洛温高卢的大部分商业无可否认地掌握在东方商人手中,然而除了东方商人之外还有资料提到本地商人,而且很可能他们之间还保持着经常的联系。图尔的格雷戈里并非没有向我们提供有关本地商人的情况,如果这些情况不是偶然写进故事的,那么篇幅一定长得多。他告诉我们国王同意给予凡尔登的商人们一笔贷款,他们的生意是如此兴隆,以致他们不久就能够还钱给国

① 《法兰克人史》,克鲁施校注,第 7 卷,第 46 节。

② J. 戈尔:《萨莫和卡兰蒂尼的斯拉夫人》(《奥地利历史研究所通报》,第 11 卷,第 443 页)。

王。[1] 他告诉我们在巴黎有一个商人之家,很可能是一种商场或商店。[2] 他还告诉我们一个商人利用585年的大饥荒发财致富。[3] 毫无疑义,所有这些轶闻谈到的是职业的商人而不是偶尔的普通卖者或买者。

墨洛温高卢在我们面前所展现的图景自然也同样出现于地中海沿岸的其他日耳曼王国——意大利的东哥特王国、非洲的汪达尔王国、西班牙的西哥特王国——之中。狄奥多里克的敕令中包括着大量的有关商人的规定。迦太基继续是与西班牙联系的重要港口,它的船只似乎甚至上溯到波尔多。西哥特的法律也提到海外的商人。[4]

从这一切可以得出有力的结论:在日耳曼人入侵以后,罗马帝国的商业活动继续在进行。日耳曼人的入侵并未终结古典时代的经济统一。由于地中海及其所维持的西部和东部的联系,这种统一相反非常清楚地得以保存。这个欧洲的内陆大海不再和过去一样属于同一个国家,但是还没有理由预见它不久将停止发挥几个世纪以来对周围地区的吸引力。尽管地中海地区出现了变化,新世界并未失去古代世界的地中海特性。新世界的卓越活动仍旧集

---

① 《法兰克人史》,克鲁施校注,第 3 卷,第 34 节。

② 同上书,第 8 卷,第 33 节。

③ 同上书,第 6 卷,第 45 节。627 年,一个名叫约翰的商人向圣德尼修道院捐赠(《德意志历史文献·证书》,第 1 卷,第 13 页)。《达戈贝尔言行录》(《德意志历史文献·墨洛温王朝的著述》,第 2 卷,第 413 页)谈到一个名叫萨洛穆的商人,实际上他或许是一个犹太人。

④ A. 多普施:《欧洲文化发展的经济和社会基础》,第 2 卷,第 432 页;F. 达恩:《西哥特人的商业和商业法·建筑用石》,第 2 卷,第 301 页(柏林,1880 年)。

中在地中海沿岸，并且在那里受到滋养。没有迹象预示罗马帝国创建的文明共同体的终结。在 7 世纪初，任何展望未来的人，都找不到任何理由不相信传统将继续下去。

然而，当时合情合理的预见并未实现。日耳曼人入侵以后得以幸存的世界秩序，在伊斯兰教的入侵中却难免于难。一场全球性大灾难的不可抗拒的力量将世界秩序抛出了历史的轨道。甚至当穆罕默德（571—632 年）在世的时候，也没有人想到过这种情况并做好应付的准备。但是这股力量只用了五十多年的时间就从中国海扩展到大西洋。没有东西能够阻挡住它。第一次冲击，它推翻了波斯帝国（633—644 年），相继从拜占庭帝国手中夺取了叙利亚（634—636 年）、埃及（640—642 年）和非洲（643—708 年），并侵入西班牙（711 年）。它的侵略性进军到 8 世纪初才停止下来，那时一方面是君士坦丁堡的城墙（717 年），另一方面是查理·马特的士兵（732 年），粉碎了它对基督教两翼实行包抄合围的强大攻势。但是，尽管伊斯兰教的扩张力量衰竭了，它却改变了世界的面貌。它的快速推进摧毁了古代世界。古代世界聚集起来的地中海共同体完结了。这个曾把共同体的各个地区联合在一起的亲密似家庭的海洋，将变成各个地区之间的障碍。几个世纪以来在地中海沿岸各个地区，社会生活的基本特征是相同的，宗教是相同的，风俗习惯和思想观念是相同的或者非常相近的。北方蛮族的入侵对于这种情况没有基本的改变。现在这些文明的诞生地突然失去了它的文明，对先知的膜拜代替了对基督的信仰，穆斯林法代替了罗马法，阿拉伯语代替了希腊语和拉丁语。地中海曾经是一个罗马湖，现在很大程度上变成了一个穆斯林湖。从此以后，地中海把

欧洲的东部和西部分开，而不是将其统一起来。原来联结拜占庭帝国与西部日耳曼诸王国的纽带断裂了。

第二章　9世纪的商业衰落

一般地说，我们没有充分注意到穆斯林入侵对西部欧洲的这种巨大影响。[①] 事实上，入侵的后果是使西部欧洲处于有史以来从未有过的状况。通过腓尼基人、希腊人，最后是罗马人，西部历来接受东部的文明。西部可以说是依靠地中海过活，现在第一次不得不自力更生。西部的重心以前一直在地中海沿岸，现在重心北移了，结果总的来看在西部仅起第二流历史作用的法兰克王国将要成为西部命运的主宰。穆斯林关闭地中海与加洛林王朝登上舞台这两件事的同时发生，不可能仅仅是一种巧合。如果我们从总体上考虑这个问题，就会清楚地看到两者之间的因果关系。法兰克王国将要为中世纪欧洲奠基。但是它所完成的使命以推翻传统的世界秩序作为基本的条件；如果不是历史的发展改变了进程，也可以说，穆斯林的入侵使历史的发展改变了常规，那么加洛林王朝就不会起到它所起的作用。如果没有伊斯兰教，法兰克王国或许是不会出现的；如果没有穆罕默德，查理大帝也是不可想像的[②]。

① H. 皮雷纳：《穆罕默德和查理大帝》（《比利时文献和历史杂志》，第1卷，第86页）。

② 有人或许会提出这样的反对意见：查理大帝在意大利征服了伦巴德人的王国，在西班牙征服了比利牛斯山和埃布罗河之间地区。但是他的南进绝非由于希望控制地中海海岸。远征伦巴德人是由于政治原因，特别是由于同罗马教廷的联盟。占领西班牙北部的目的仅在于建立抵御穆斯林的坚固边疆。

只要指出墨洛温时代与加洛林时代的截然不同，就足以确证上述论断。在墨洛温时代地中海保持着千年以来它在历史上的重要性，而在加洛林时代这种影响则不复存在。同样的差别比比皆是，表现在宗教感情、政治、文学、制度、语言直到文字等各个方面。无论从何种观点进行研究，9 世纪的文明都表现出与以前文明的彻底决裂。矮子丕平的政变绝不是朝代的更迭，这标志着历史在此以前一直遵循的进程改朝一个新的方向。的确，查理大帝以罗马皇帝和奥古斯都的称号炫耀自己，以为恢复了古代的传统。实际上，他打断了古代的传统。收缩到君士坦丁堡拜占庭皇帝的领地的古代帝国成为与西部新帝国并存而又无关的东部帝国。西部新帝国尽管徒有其名，实际上仅就天主教教会是罗马的这一点而言，它才可以说是罗马的。而且它的力量的因素主要存在于北部地区。它在宗教和文化方面的主要合作者不再像以往那样是意大利人、阿基坦人、西班牙人，而是像圣博尼法斯或阿尔琴之类的盎格鲁-撒克逊人，或者是像爱因哈德那样的斯瓦本人。在这个从此以后切断了与地中海的联系的国家里，南方人只起次要的作用。由于南面被封锁，帝国的活动范围主要在欧洲北部，帝国的疆界推到易北河和波希米亚山脉，就在这个时候，日耳曼人的影响开始在帝国占据主要地位。

加洛林时代与墨洛温时代在经济方面的差异特别明显。[①] 在

① H. 皮雷纳：《经济对比：墨洛温王朝和加洛林王朝》(《比利时文献和历史杂志》，第 2 卷，第 233 页)。

墨洛温时代高卢还是一个航海的国家，由于海，高卢的贸易和交通得以维持。相反，查理大帝的帝国基本上是一个内陆国家，它对外再无交往，是一个封闭的国家，一个没有出口的国家，生活在几乎完全隔绝的状态之中。

或许一个时代向另一个时代的过渡并不是突然实现和截然分开的。我们看到，7 世纪中叶以后，随着穆斯林在地中海的推进，马赛的商业逐渐衰落。叙利亚于 634 至 636 年间被穆斯林征服，首先停止向马赛派船舶和运商品。不久以后埃及又落入穆斯林的手中(640 年)，因此纸草不再被运到高卢。非常能够说明问题的是，677 年以后王国中书省停止使用纸草。[①] 香料的进口还维持了一段时间，因为在 716 年科比修道院的修士认为最后一次要求批准他们免缴福斯商品通行税的特权是有益的。[②] 半个世纪以后马赛港一片孤寂。养育它的海对它关上了大门，海通过它所哺育的内地的经济活力最终消失了。到 9 世纪，以前是高卢最富庶的地

① 不过纸草的进口这时尚未完全停止。就我们所知，最后提到在高卢使用纸草的时间是 787 年(M. 普鲁:《古文字学教程》，第 4 版，第 9 页)。在意大利纸草继续使用到 11 世纪(吉里:《古文书学教程》，第 494 页)。那里的纸草或者从埃及或者更可能从西西里进口。通过半岛南部拜占庭城市的贸易或者通过威尼斯的贸易，阿拉伯人将纸草的加工方法传到了西西里。这一点将在第四章中讨论。——在墨洛温时代尚广泛食用的东方水果(见本书第 11 页，注 4)，从加洛林时代起完全消失，这一点也是能够说明问题的。如果查阅规定出巡官员膳食的御赐出巡证书，就可以看到加洛林王朝巡按使的膳食缩减到只不过是农民饭桌上的东西：肉、蛋和黄油。见 G. 魏茨:《政治制度史》，第 2 卷之二，第 296 页。

② 见本书第 11 页。在斯塔弗洛存在同样的现象，该地修士不再要求核准西热贝尔三世给予他们的免缴渡过卢瓦尔河即去马赛的路上的商品通行税的特权(阿尔坎和罗兰:《斯塔弗洛-马尔梅迪修道院文件集》，第 1 卷，第 10 页)。

区的普罗旺斯变成最贫困的地方。[1]

而且穆斯林越来越加强了他们对海的控制。在9世纪时，他们夺取了科西嘉、撒丁和西西里。在非洲海岸他们建造了新的港口：凯鲁万(670年)、突尼斯(698—703年)，稍后在埃尔梅迪亚(在突尼斯南面)，再后在开罗(969年)。巴勒莫成为他们在第勒尼安海的主要基地，在该地有一个大型的兵工厂。他们的船队在第勒尼安海航行，掌握着制海权：商船队把西部的产品运往开罗，从那里再运往巴格达；海盗船队蹂躏普罗旺斯和意大利沿岸，他们抢劫城市，将居民掠走卖为奴隶，然后把城市付之一炬。889年一帮匪徒甚至占据了佛拉克西纳顿(现瓦尔省的卡尔德-佛雷内特，距尼斯不远)，驻扎在该地的匪徒在将近一个世纪内不断劫掠附近居民，威胁着从法国经阿尔卑斯山各山口去意大利的道路。[2]

查理大帝和他的继承者们保卫帝国抵御萨拉森人侵略的努力，与他们力图抗击诺曼人侵略的努力一样地无力。我们知道，在整个9世纪丹麦人和挪威人以怎样的胆略，不仅从北海、英吉利海峡和加斯科涅湾，而且有时甚至从地中海来抢劫佛兰西亚。所有的河流都有那些制作精巧的船只溯流而上。最近发掘出来这类船只的极好标本，现保存于奥斯陆(克里斯蒂亚尼亚)。莱茵河、默兹河、埃斯科河、塞纳河、卢瓦尔河、加龙河和罗讷河流域是周期性地

---

① F. 基内：《普罗旺斯政治制度史》，第31页。9世纪时，越过阿尔卑斯山去马赛的路不再经常有人来往，这一点是能够说明问题的。热内弗尔山的路废弃不用，只有朝北的山口还有人来往：瑟尼山、大小圣伯纳德山、瑟普蒂梅山。见P. A. 舍费尔：《阿尔卑斯山交通史》(柏林，1908—1914年)。

② A. 许尔特：《中世纪德国西部和意大利间商业和交通史》，第2卷，第59页(莱比锡，1900年)。

遭到非常持久的有计划抢劫的对象。[①] 破坏是如此彻底，以致在许多地方连居民也消失了。法兰克王国无力组织它的海岸防御抵抗萨拉森人和诺曼人，这一点最能说明法兰克王国基本是内陆国家的特点。因为，这种防御要想有效的话，则应该是海上的防御，而帝国并没有舰队，或者只有临时组成的舰队。[②]

在这种情况下不可能存在具有真正重要性的商业。确实，9世纪的历史文献中有几处提到商人（mercatores，negociatores）[③]，但是不要对这些商人的意义产生错觉。与当时保留下来的文献的数量相比较，这些有关商人的记载实际上是微乎其微的。敕令汇编（它的规定涉及社会生活的各个方面）中关于商业方面的内容是非常之少的。据此应该得出结论，商业仅仅起着微不足道的次要作用。

仅仅在高卢北部，在9世纪的前半期，商业还表现出几分活力。康托维克港（位于加来海峡省的埃塔普勒附近，此地现已消失）和杜尔斯泰德港（在莱茵河畔、乌德勒支西南）在墨洛温王朝时代与英格兰以及丹麦通商，在遭到诺曼人摧毁（834—844年）[④]以

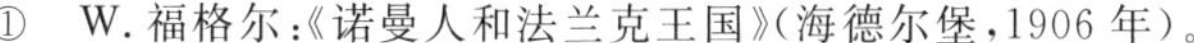

① W.福格尔：《诺曼人和法兰克王国》（海德尔堡，1906年）。

② Ch.德·拉龙西埃尔：《查理大帝和九世纪的沿海文明》〔《中世纪》，第10卷（1897年），第201页〕。

③ A.多普施：《加洛林时代的经济发展》（第2卷，第180页以下）旁征博引地指出有大量的商人存在。然而必须看到，其中许多人属于墨洛温时代，而另外许多人远远没有作者赋予他们的含义。还见J.W.汤普森：《九世纪的法兰西的商业》〔《政治经济日报》，第23卷（1915年），第857页〕。

④ 康托维克毁于842和844年的入侵。杜尔斯泰德在834和835年遭到破坏。W.福格尔：《诺曼人和法兰克王国》，第66、88页；参阅J.德·弗里斯：《北欧海盗在沿海低地》（哈莱姆，1923年）。

前一直是活动范围相当大的航运中心。我们可以猜想，由于这两个港口，弗里斯兰人沿莱茵河、埃斯科河和默兹河的内河航运，在查理大帝及其继承者们统治时期，享有其他地方所没有的重要性。佛兰德尔农民织的呢绒（在当时的文献中称之为弗里斯兰羊毛斗篷）以及莱茵河德意志的酒为上述内河航运提供了似乎相当经常出口的商品。[①] 此外，我们知道在杜尔斯泰德铸造的硬币德尼埃流传很广。这种货币成为瑞典和波兰最古老的硬币的原型[②]，这一点清楚地证明，德尼埃或许经过诺曼人的手从很早起就一直流传到波罗的海。我们还可以指出努瓦尔穆蒂埃的食盐是行销较广的商品，爱尔兰的船只到过努瓦尔穆蒂埃。[③] 另一方面萨尔茨堡的盐沿着多瑙河及其支流运往帝国的内地。[④] 尽管君主们明令禁止，奴隶买卖仍在东部边境进行，从对信奉异教的斯拉夫人进行的战争中掳获的战俘在那里可以找到很多买主，买主们把奴隶运到拜占庭或比利牛斯山那边。

弗里斯兰人的商业被诺曼人的入侵所毁灭，除了弗里斯兰人以外再有的也只是犹太商人。他们仍然为数众多，遍及佛兰西亚各地。在高卢南部的犹太人与信奉同一宗教的穆斯林西班牙人有联系，他们被谴责向西班牙人贩卖基督教儿童[⑤]。这些犹太人可

---

① H. 皮雷纳：《弗里斯兰的呢绒还是佛兰德尔的呢绒？》〔《社会和经济史季刊》，第 7 卷（1909 年），第 308 页〕。

② M. 普鲁：《巴黎国家图书馆墨洛温王朝货币目录》，第 10 页。

③ W. 福格尔：《诺曼人和法兰克王国》，第 62 页。

④ 《法兰克王国敕令汇编》，波雷提乌斯校注，第 2 卷，第 250 页。

⑤ 见本书第 12 页注 2 所引用之《阿戈巴尔的书信》。如果想要了解全部文献资料，可参阅阿罗尼乌斯：《1273 年以前法兰克和日耳曼诸国犹太人编年史》（柏林，1902 年）。

能从西班牙或许也从威尼斯得到他们所经营的香料和贵重的织品。[①] 然而，他们被迫让自己的孩子接受洗礼，这种义务一定使得大量的犹太人很早就迁移到了比利牛斯山那边，他们在商业上的重要性在 9 世纪时不断减小。至于叙利亚人在商业上的重要性，以前是那样的巨大，可是在这个时期已不再值得一提了。[②]

因此不得不做出这样的结论：加洛林时代的商业缩减到非常小的程度。在康托维克和杜尔斯泰德消失以后，商业几乎全部垄断在外籍犹太人手中，只不过是运几桶酒或盐、进行犯禁的奴隶买卖以及贩卖来自东部地区的奢侈品而已。

在地中海为穆斯林的入侵所关闭之后，再也找不到任何痕迹表明还有经常性的正规商业活动，还有经常性的有组织的商品流通，还有一个专业的商人阶级，还有商人定居在城市，简言之，还有构成一种名副其实的交换经济的要素。有人指出 9 世纪时还有大量的市场（mercata，mercatus），这与上述论断丝毫没有矛盾。[③] 实际上这仅是一些小型的地方集市，每周一次以零售的方式向居民供应乡村的食物。如果有人提出在埃克斯-拉-夏佩勒的查理大帝的宫殿附近，或者某些大修道院（例如圣里基埃修道院）附近，有商人居住的

① 与基督教徒不同，西班牙的犹太人由于穆斯林的航运一直与东部保持着联系。见 C. 桑切 · 阿尔沃尔诺：《十世纪莱昂生活图景》（第 17 页以下，载《皇家历史学院学术演说集》，马德里，1926 年）中有关于西班牙的犹太人从事希腊和东部织品贸易的有意义的文献资料。

② J. W. 汤普森在《九世纪的法兰西商业》一书中为了证明事实与此相反所做的巧妙论证，在语史学方面说不过去，因此令人无法接受。他的立论的根据是说 Cappi 一词源出于希腊文，这种说法是不能接受的。

③ K. 拉特根：《德国市场的产生》，第 9 页（达姆斯塔特，1881 年）。

街道(商人街)[①],以此作为加洛林时代商业活动的证明,那同样是徒劳无益的。这里所说的商人实际上不是专业的商人。他们负责供应宫廷或修士们,可以说是领主的供应人员。他们根本不是商人。[②]

此外,关于西部欧洲不再属于地中海共同体以后所出现的经济衰退,还有一项物证。这就是由矮子丕平开始并由查理大帝完成的货币制度改革。我们知道,那次改革废弃金硬币代之以银硬币。根据罗马的传统,以前苏是基本的货币单位,而现在它仅仅是记账货币。从此以后惟一真正的硬币是重约 2 克的银德尼埃,银德尼埃的金属值与法郎相比大约为 45 分。[③] 而墨洛温时代金苏的金属值约为 15 法郎,这就可以估价那次改革的全部意义了。毋庸置疑,这只能解释为是由于贸易和财富的大幅度减少的缘故。

如果承认,而且必须承认:由于佛罗伦萨的金币弗罗林和威尼斯的金币杜卡特的发行,在 13 世纪重新出现了金硬币,这标志着欧洲经济的复兴;那么不容否认:在 9 世纪废弃金硬币则相反地证明了经济的极度衰落。如果说丕平和查理大帝想要纠正墨洛温时

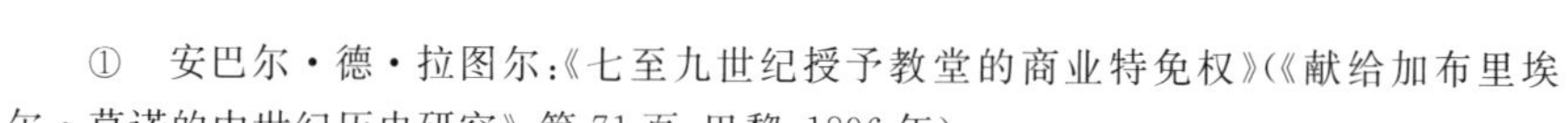

① 安巴尔·德·拉图尔:《七至九世纪授予教堂的商业特免权》(《献给加布里埃尔·莫诺的中世纪历史研究》,第 71 页,巴黎,1896 年)。

② 乍看起来人们可能想把 828 年的一份税则(《马库尔菲的税则》,措伊默尔校注,第 314 页)所提到的宫廷商人看作大商人。但是这些商人必须向皇帝汇报他们的事务,并且他们受设在宫廷内的专门法庭的审判,看到这一点就只会把他们看作宫廷的供应人员。专业的商人变得非常的稀少,他们的情况与犹太人差不多。此外,许多修道院自己派出仆役到产地采购必需的食品(酒、盐,在荒年还有黑麦和小麦),这一事实证明不存在通过商业途径的正常供应。如果想要否定这一点,就必须证明墨洛温时代城市中的商人区 9 世纪时还存在。——我还要补充一点,比较研究墨洛温时代和加洛林时代的商品通行税证明 9 世纪时商业的极度衰落,这一点我打算在别处予以证明。

③ M. 普鲁:《巴黎国家图书馆加洛林王朝货币目录》,第 45 页。

代后期货币的紊乱状态，那是不足以说明问题的。事实上他们可以找到补救办法而无需放弃铸造金币。毋庸置疑，他们放弃铸造金币仅仅是由于迫不得已，换句话说，是由于高卢的黄色金属告罄。这种状况是地中海商业中断所造成的，除此别无其他原因。这一论断是千真万确的，与君士坦丁堡仍然保持联系的南意大利就和君士坦丁堡一样保留着金硬币，而加洛林的君主们却不得不代之以银硬币。此外，他们的德尼埃的重量非常之轻，也证明他们的帝国在经济上的孤立。如果他们的国家与金苏继续流通的地中海地区之间保持着最细微的联系，无法想像他们会将货币单位值减少到原来的三十分之一。①

不仅如此，9世纪的货币改革非但符合当时普遍的贫困状况，而且也符合货币的流通状况，当时货币流通之缓慢和数量之不足同样是惊人的。由于没有一些具有足够的力量吸引远处货币的中心，可以说货币是不流通的。查理大帝和他的继承者们徒劳地下令只许在王国铸币厂铸造德尼埃。从虔诚的路易统治时期起，鉴于教堂无法弄到硬币，因此必须批准一些教堂铸造硬币。从9世纪后半期起，凡是国王批准建立一个市场，几乎总是随之即批准在当地建立一个铸币厂。② 因此，国家不能保持铸币垄断权。铸币

① 金币的消失是加洛林时代经济衰落的结果，这一事实从以下情况得到确证：在弗里斯兰和于泽，确切地说在帝国中一方面由于康托维克和杜尔斯泰德，另一方面由于西班牙的犹太人因而还保持着一些商业的地区，继续存在着一种小金币。关于这种小金币，见M.普鲁：《巴黎国家图书馆加洛林王朝货币目录》，第31页。

② G.魏茨：《德国政治制度史》，第2版，第4卷（1885年），第112页；F.洛：《法兰克时代的一个大领地·普瓦图的阿尔丹》，参加为纪念高等研究学院成立五十周年所进行的税收研究，载历史和文献学室出版的合集，第109页（巴黎，1921年）。

权越来越分散。这又清楚地表明经济的衰退。因为历史证明，商品的流通率愈高，货币制度愈是集中和简化。在 9 世纪，时间愈是往后，货币制度愈是呈现出分散性、多样性，总而言之，呈现出混乱状态，因而这最能说明问题地完全证实了我们在这里力图得出的总的印象。

然而，有人企图赋予查理大帝一套高瞻远瞩的经济政策。这是强加于他的，无论我们认为他的天才是多么地伟大，他也不可能具有这些思想。没有人能够拿出一点真实性的根据来支持下述的看法：查理大帝在 793 年开始连接雷德尼茨河和阿尔特米尔河，从而沟通莱茵河和多瑙河，这些工程不是为了运送部队而是为了其他目的；发动对阿瓦人的战争，在于希望打开通向君士坦丁堡的商路。另外，关于铸币、度量衡、商品通行税卡和市场的敕令的条款也不能说明这一点，这些条款与具有加洛林王朝立法典型特征的管理和监督的总制度密切相连。为反对高利贷和禁止教士经商所采取的措施同样如此。这些措施旨在与诈骗、无秩序和无纪律的现象作斗争并将基督教的道德观念强加于人民。只有带着先入为主的观念才会认为这些措施旨在刺激帝国经济的发展。

我们如此习惯于认为查理大帝统治的时代是一个复兴的时代，以致我们无意识地认为这个时代在各个方面都是同样进步的。遗憾的是，在文学艺术、宗教状况、风尚、制度和政治方面是如此，而在交通和商业方面则并非如此。查理大帝完成的每一项伟大事业都是依靠他的军事力量和与教会的联盟。然而，教会和军队都不能左右法兰克王国因之而丧失对外出口的那种环境。事实上，法兰克王国必须适应不可抗拒地强加给它的形势。历史不得不承认，无论查理大帝时代在其他方面的成就看起来是多么辉煌，从经济观点来看，它是一个倒退的时代。

法兰克王国的财政组织可以使我们完全相信这一点。这种组织确实也是极不完备的。墨洛温王朝模仿罗马帝国而保留下来的人头税不复存在。君主的经济来源仅仅在于他的领地的收入、被征服民族缴纳的贡物以及战争的缴获。商品通行税不再能够对维持国库的收入做出贡献，这就证明了这个时代的经济衰退。商品通行税成为只是对经河流和公路运输的少数商品以征收实物的办法进行的敲诈勒索和横征暴敛。[①] 这点很少的收入本应用来维修桥梁、码头和道路，却被收税的官吏所侵吞。为了监督行政机关而设置的巡按使对于消除证明属实的流弊无能为力，因为国家不能给官吏发薪，也就不能对他们加以管束。国家不得不从贵族中聘请官吏，只有他们由于社会地位的原因，能够给国家提供免费的服务。但是这样一来，国家由于缺钱，被迫只在一个集团的人们中选择权力的工具，而这些人最明显的兴趣就是削弱国家的权力。从贵族中聘用官吏是法兰克王国的基本缺点和查理大帝死后帝国瓦解如此迅速的主要原因。凡是一个国家的君主在理论上是无所不能的，而实际上是依赖不受他约束的官吏的忠心，这样的国家肯定是最脆弱的。在这种矛盾的局势中产生了封建制度的萌芽。只有像拜占庭帝国或哈里发帝国一样，有征税的制度、财政的监督、税收的集中，以及提供官吏的薪俸、公共工程的资金和陆海军给养的

① G. 魏茨：《德国政治制度史》，第54页。参阅本书第87页。在828和831年，除了康托维克、杜尔斯泰德和瑟尼山（克吕萨）的商品通行税卡以外，不复存在直接属于皇帝的商品通行税卡。

国库，加洛林帝国才可能存在下去。导致帝国衰落的财政上的软弱无力，清楚地表明帝国不可能在一种不胜负担的经济基础之上维持帝国的行政结构。

国家的这种经济基础如同社会的经济基础一样从这时起是地产。加洛林帝国是一个没有出口的内陆国家，而且基本上也是一个农业国家。在那里还可以看到的商业痕迹是微不足道的。这个国家除了知道有地产以外，不知道还有其他财产；除了知道有农村劳动以外，不知道还有其他劳动。或许这种农业的优势并不是一件新的东西，在罗马时代就已经非常明显，在墨洛温时代继续保持并且不断加强。自从古典时代末期，整个西部欧洲到处都是属于享有元老(Senatores)称号的贵族的大片领地。小地产逐渐地消失，变成世袭租地，从前的自由农民本身也变成依附于封建领地的隶农。日耳曼人的入侵并未很明显地改变这种状况。我们明确地放弃认为日耳曼人中存在农民平均主义民主政治的看法。当他们侵入罗马帝国时，他们之间的社会差别是非常之大的。他们之中富人是少数，穷人是多数。奴隶和半自由民(liti)的数目很大。[①]

入侵者到了罗马帝国的各省，并未因此引起混乱。新来者保持了原来的状况，并且使自己去适应这种状况。许多入侵者从国王那里领受，或者通过暴力、婚姻或其他办法取得大片领地，这使得他们可与元老们分庭抗礼。土地贵族远非消失，相反增添了新

① W.维蒂希：《德国西北部的领主统治》(莱比锡，1896年)；H.皮雷纳：《九至十二世纪佛兰德尔的自由和地产》(《比利时皇家学院通报·文科类》，1906年)；H.范·韦弗克：《七和八世纪佛兰德尔的大领主》〔《比利时文献和历史杂志》，第2卷(1923年)，第321页〕。

的成分。自由的小土地所有者越来越快地继续消失。从加洛林时代初期起很可能就只有为数极少的自由的小土地所有者尚存于高卢。查理大帝徒劳地采取一些措施保护留下的小土地所有者。[1]由于需要得到保护，他们必然大批地去投靠有权势的人，把他们的人身和财产委诸这些人的庇护。

在入侵时期以后，大领地因而越来越大。国王们对于教会的恩宠更加促进了这种发展，贵族的宗教热忱也起了同样的作用。从 7 世纪起修道院的数目以惊人的速度增加，它们竞相得到大量捐赠的土地。各地教会领地和世俗领地彼此混杂在一起，不仅把耕地，而且把森林、欧石南丛生地和荒地并入领地之中。

这些领地的组织在法兰克高卢和在罗马高卢的情况是一致的。也不可能想像它们是另外的样子，因为日耳曼人无意也不能代之以另外的组织。这种组织主要是将全部土地分为两类，属于两种截然不同的制度：其一，面积较小，由领主直接经营；其二，作为租地分给农民。因此构成一个领地的每一个庄园均由领主土地和租地所组成，租地分成若干耕作单位（份地 mansus），由马南（manentes）或维兰（villani）[2]所持有，有世袭权，缴纳贡赋（现金或实物）和承担劳役。[3]

① 《法兰克王国敕令汇编》，波雷提乌斯校注，第 1 卷，第 125 页。

② “马南”与“维兰”为中世纪农村平民或农民的音译。——译者

③ 《修道院院长伊尔米农的土地农奴清册》是了解这种组织的主要原始资料。盖拉尔 1844 年校注该书所写的序还值得一读。关于这个问题还可以查阅著名的《庄园敕令》。K. 加赖斯对该文献做了一个很好的评述：《查理大帝的土地制度》（柏林，1895 年）。最近关于《庄园敕令》的意义和日期的论战，见 M. 布洛赫：《庄园敕令的由来和日期》〔《历史杂志》，第 143 卷（1923 年），第 40 页〕。

只要存在城市生活和商业,大领地就有出售它们的剩余产品的市场。毋庸置疑,在整个墨洛温时代,正是由于这些领地,城市居民得到供应,商人得到货源。但是,当伊斯兰控制了地中海,诺曼人控制了北方诸海,因而商品流通消失,商人阶级和城市人口也随之消失的时候,情况就不能不是另外一个样子。大领地遭受到与法兰克国家同样的命运。它们同样失去了自己的出路。由于没有买主,对外出售的可能性不复存在,因此除了生产生活在领地中的人们——领主和佃户——必不可少的最低限度的生活用品之外,继续生产更多的东西就成为无益的了。

交换经济为消费经济所取代。从此以后每个领地自成为一个小天地,而不是继续与外界往来。每个领地自给自足,家长制度因袭不变。9 世纪是我们称之为闭门自守的家庭经济、也可更准确地称之为无销路的经济的黄金时代。①

在这种经济中,生产只是为了领地内人口的消费,因此与营利思想绝对无关。这种经济不能被认为是一种自然的和自发的现象。大领主们并非心甘情愿地放弃出售他们土地的产品的念头,他们之所以这样做是因为别无他法。肯定地说,如果商业继续经常地向他们提供对外出售产品的方便,他们不会不借此谋利。他

① 有些作者认为可以承认领地产品是用来出售的。例如,见 F. 科伊特根:《公会和行会》,第 58 页(耶拿,1903 年)。不可否认在例外的情况下,如在饥馑的年代,有出卖领地产品的。但是一般来说,肯定无人出售。用来证明相反情况的文献资料数量过于少而且内容过于模棱两可,不能令人信服。显然,中世纪初期领地制度的整个经济与营利思想是明显对立的。只有在例外的情况下方才出售,例如一个特别好的年景使一个地区的领地有了剩余产品,吸引遭受饥荒地区的人去到那里。这是完全不同于正常贸易的纯粹偶然性的贸易。

们不卖，是因为他们不能卖；他们不能卖，是因为他们没有销路。因而自 9 世纪起出现的那种领地组织是由外部环境所造成的，看不到有什么内在的转变因素。就是说这是一种不正常的现象。

试将加洛林欧洲所呈现的景象与同时期南俄罗斯的景象加以比较，就能够非常明显地证实这一点。[①]

我们知道成帮结伙的瓦兰吉亚族的诺曼人，即原籍瑞典的斯堪的纳维亚人，在 9 世纪确立了对第聂伯河流域的斯拉夫人的统治。这些征服者（被征服者称他们为俄罗斯人）自然不得不一群一群地聚居，以便身处为他们所降服的居民之中能够保证安全。为此他们设置了一些筑有防御工事的围子，斯拉夫语叫做 Gorod（城镇），他们就护拥着他们的王公和神像定居在那里面。最老的俄罗斯城市起源于这些高垒深堑的营地。在斯摩棱斯克、苏兹达尔和诺夫哥罗德有这样的营地；最重要的是在基辅，那里的王公地位高于所有其他的王公。

侵略者的生计是靠向土著居民征收的贡物来保障的。因此俄罗斯人本来可以生活在原地，无需到国外去寻求额外的收入，国家已向他们提供了大量的收入。如果他们也像西部欧洲的同时代人一样不能与外部交往的话，他们或许会生活在原地，满足于享用臣民缴纳的贡赋。但是他们所处的地位必定很快就使得他们去实行

---

① 下文所述，查阅 N. 罗斯托夫采夫：《在南俄罗斯的伊朗人和希腊人》（牛津，1922 年）和《第聂伯河流域的俄罗斯国的起源》（《美国历史协会 1920 年年度报告》，第 163 页，华盛顿，1925 年）；W. 汤姆森：《古代俄罗斯和俄罗斯国起源之间的关系》（牛津，1877 年；德文版：《俄罗斯国的起源》，戈塔，1879 年）；B. 克柳切夫斯基：《俄国史教程》，第 1 卷，第 180 页（莫斯科，1916 年）；J. M. 库利舍尔：《俄罗斯商业史》，第 5 页（彼得格勒，1923 年）。

交换经济。

南俄罗斯事实上位于两个文明水平较高的地区之间。在东面，在里海那边是巴格达的哈里发的统治区；在南面，黑海浸润着拜占庭帝国的海岸并且通向君士坦丁堡。蛮族人立即感到这两个强大的辐射源的光芒。他们或许精力高度旺盛，富于进取精神和冒险精神，但是他们的这些天性只是促使他们去利用环境。当他们占领斯拉夫地区的时候，阿拉伯的、犹太的和拜占庭的商人已经常去那里。这些商人向他们指出了应该走的道路。他们自己在利欲的刺激下毫不迟疑地走上了这条道路。利欲对于未开化的人和开化的人都是一种天性。他们占领的国家把特别适合于同生活讲究的富裕帝国进行贸易的产品交给他们出售。

他们占领的国家中广袤的森林为他们提供了大量的蜂蜜，在食糖尚不为人所知的时代，蜂蜜是很珍贵的；还为他们提供了毛皮，华丽的毛皮即使在南方地区也是为制作奢侈的衣着和家具所必需的。奴隶更加容易得到，而且由于穆斯林的闺阁和大坊即拜占庭作坊的需要，贩卖奴隶既可靠又赚钱。因此，从 9 世纪起，当加洛林帝国在地中海关闭以后被封锁在隔绝状态之中的时候，南俄罗斯却相反地向吸引着它的两个大市场出售它的产品。第聂伯河流域的斯堪的纳维亚人是非基督教徒，所以他们没有那种阻止西方基督教徒与穆斯林交往的宗教顾虑。他们既不信奉基督也不皈依穆罕默德，所以他们一视同仁地与基督的门徒和穆罕默德的弟子做买卖，他们只求发财致富。

他们同穆斯林帝国的贸易和同希腊帝国的贸易具有同样大的规模，这一点可因在俄罗斯发现的数量特别大的阿拉伯和拜占庭硬币而得到证明，这些硬币像一条金线标出了商业道路的走向。商业道路从基辅开始，沿第聂伯河向南，沿伏尔加河向东，沿德维纳河和注入波斯尼亚湾的一些湖泊向北。幸运的是犹太的或阿拉伯的旅行者以及拜占庭的作家提供的情况对考古发掘的文物做了增补。在这里我们只要简述一下君士坦丁·波菲罗格涅图斯在10 世纪的报道也就够了。[①] 他描述俄罗斯人每年在解冻之后把他们的船只集合在基辅。船队沿第聂伯河缓缓而下，该河瀑布很多，造成障碍，必须沿岸拉纤绕过瀑布。一到达海口，他们就沿着海岸驶向君士坦丁堡——漫长而艰险的旅程的最终目标。在那里俄罗斯商人有一个专门的地区并且有商约规定他们与该首都居民的关系，最早的商约可追溯到 9 世纪。他们当中许多人受到君士坦丁堡的诱惑，就定居在那里，并且在帝国警卫队服役，正如以前日耳曼人在罗马军团中服役一样。皇帝之城（Tsarograd）对俄罗斯人具有魅力，这种魅力的影响持续数世纪之久。从这里他们接受了基督教（957—1015 年），从这里他们借鉴而产生了自己的艺术、文字、货币和大部分的行政组织。仅此即足以证明拜占庭商业在俄罗斯社会生活中所起的作用。拜占庭商业在俄罗斯社会生活中占有如此重要的地位，以致如果没有它，俄罗斯文明就无法解释。或许，拜占庭商业所表现的形式是很原始的，但重要的不是它的形式而是它的作用。

我们可以说拜占庭商业确实决定了中世纪早期俄罗斯人的社

① 《论帝国之管理》（写于 950 年左右）。关于这份文献资料应该查阅 W. 汤姆森前引书所做的非常好的评述。

会组织。对俄罗斯人来说，不仅地产的重要性不为他们所知，而且就连地产的观念也没有，这与加洛林欧洲的他们同时代人的情况形成鲜明的对照。他们的财富观念只包括动产，其中最贵重的是奴隶。只是在通过控制土地而能占有土地的产品的情况下，他们才对土地感兴趣。虽然这种观念是征服者武士阶级的观念，但是毋庸置疑，这种观念之所以保持的时间如此之久，那是因为这些武士同时又是商人。补充说一句，俄罗斯人集中在城镇开始是出于军事的需要，而这也正好非常符合于商业的需要。因而蛮族人旨在奴役被征服居民而建立的组织，非常适合于他们被拜占庭和巴格达的经济吸引之后所改过的那种生活。他们的例子表明，一个社会在致力于商业之前并非一定要经过农业阶段。在这里商业看来是原始的现象。之所以如此，在于俄罗斯人不是像西部欧洲的居民那样与世隔绝，相反他们从一开始就被推向或者更确切地说被拉向与外界的往来。因此，将他们的社会状况与加洛林帝国的社会状况做一比较，就可以看出强烈的对比：不是领地贵族，而是商业贵族；不是依附于封建领地的农奴，而是当作劳动工具的奴隶；不是生活在乡村的居民，而是聚集在城市的居民；最后，不是简单的消费经济，而是交换经济和经常持久的商业活动。

历史异常清楚地证明：这些如此鲜明的对照是环境造成的，环境向俄罗斯提供了出路，而剥夺了加洛林帝国的出路。事实上，俄罗斯的商业，只有在通向君士坦丁堡和巴格达的道路依然朝它开放的时候，才能维持下去。而且它也不可能经受住佩切涅格人在11世纪给它造成的危机。这些蛮族人入侵里海和黑海海岸，带来了与8世纪时伊斯兰教入侵地中海给西部欧洲所造成的同样的后果。

正如伊斯兰教入侵切断了高卢和东部地区之间的交通一样，佩切涅格人入侵切断了俄罗斯人和它的国外市场之间的交通。对两者来说，交通断绝的后果是非常一致的。在俄罗斯如同在高卢一样，由于不再有货物的转口，所以城市人口减少；由于居民不得不就地寻求谋生的办法，所以农业经济时期取代了商业经济时期。尽管细节不同，两者都是同样的情景。遭到蛮族人毁坏和骚扰的南部地区落后于北部地区。基辅如同过去马赛一样陷入衰落之境；俄罗斯国家的中心移到莫斯科，正如过去法兰克国家的中心随着加洛林王朝一起移到莱茵河流域。下述结果进一步说明了两者的相似性：我们看到，在俄罗斯如同在高卢一样，土地贵族形成了，领地制度建立起来了，在这种制度下，由于不可能出口或出售，生产不得不限于满足领主和他的农民的需要。因此，在这两个地方，同样的原因产生了同样的结果。但是这种因果不是在同一个时期发生的。在加洛林帝国只有领地制度的时候，俄罗斯人靠贸易为生；在西部欧洲由于找到新的出路因而与领地制度决裂的时候，俄罗斯人建立起领地制度。我们还要进一步考察这种决裂是怎样实现的。现在已用俄罗斯的例子证明了下述观点也就够了：加洛林时代的经济不是内部发展的结果，而必须首先归因于伊斯兰教关闭地中海。

第三章　城镇和城堡

9 世纪时在西部欧洲那种基本上以农业为基础的文明中，是否有城市存在？对这个问题的回答根据所给予城市一词的含义而定。如果所指的是一个地方，其居民不是以耕种土地为生，而是从事商业和工业，那么回答应该是“否”；如果我们把城市理解为一个社会，具有法人的资格，并拥有自己特有的法律和制度，那么回答也是否定的。反之，如果我们认为城市是一个行政中心或者一个堡垒，则我们不难相信加洛林时代几乎与其后的数世纪有着同样多的城市。这就是说存在于当时的城市没有中世纪和近代城市的两个基本属性——市民阶级的居民和城市组织。

每一个定居的社会，无论多么原始，也需要为它的成员提供一些集会的中心，也可以说碰头的地点。为着举行祭祀、开设市场、召集政治和司法会议，必须指定一些地方用以接待那些希望参加或必须参加这些活动的人。

军事的需要在这方面起了更大的作用。当外敌入侵之时，人们必须有避难之处，以便得到暂时的保护。自有人类以来就有了战争。有了战争几乎就有了堡垒的构筑。人类建造的第一批建筑物很可能是保护围墙。甚至在今天，几乎在一切野蛮部落中都可以见到这种围墙；无论追溯过去多远，情况照样如此。希腊人的卫城(acropoles),伊特鲁里亚人、拉丁人和高卢人的重镇(oppida),日耳曼人的城堡(burgen),斯拉夫人的城镇(gorods),像南非黑人的村寨(kraels)一样,开始时都只不过是聚会的地方,尤其是庇护所。它们的设计和修建自然取决于地形以及当地所有的材料。但是总的布局到处都是一样的,包括一块方形或者圆形的地方,围以用树干、泥土或石块做成的壁垒,有壕沟护卫,有大门出入。简言之,是一个围子(enclos)。我们立即会注意到,在现代英语和俄语中表示城市的词(分别为 town 和 gorod),原意都是围子。

在平时,这些围子总是空着的。只有当举行宗教的或世俗的典礼,或者战争迫使人们带着牧群到那里避难的时候,人们才涌到那里。但是,随着文明的发展,这些地方逐渐地由间断性的热闹变成经常性的热闹。庙宇建立起来了;地方长官或酋长设置了他们的邸寓;商人和工匠也来定居。当初只是偶尔作为集会中心的地方变成一座城镇,即这个部落全境的行政、宗教、政治和经济的中心,这个地方通常就以这个部落的名字命名。

这就说明了为什么在许多社会中,特别是在古典时代,城镇的政治生活不限于城镇的墙垣之内。城镇实际上是为部落而建立的,部落的每一个人,无论居住在城墙之内或之外,都同样是城镇的公民。无论希腊或者罗马都没有过类似于中世纪的具有严格的地方主义和本位主义的那种市民阶级。城镇生活与民族生活融合在一起。城镇的法律就像城镇的宗教一样为全民族所共有,城镇是全民族的首府,全民族以城镇为中心建立起一个独一无二的共和国。

因此城市制度在古典时代等于政府组织制度。当罗马帝国将其统治伸展到整个地中海世界的时候，就把这种制度作为帝国行政制度的基础。日耳曼人入侵以后这种制度在西部欧洲得以幸存。[①] 毋庸置疑，5世纪以后很久，在高卢、西班牙、非洲和意大利仍可发现这种制度的痕迹。然而社会组织的没落，使得这种制度的大部分特点逐渐消失。到8世纪，无论十人团，或者城市志，或者城市保卫官都不复存在。与此同时，伊斯兰向地中海推进，使得直到那时在各城市还保持着一定程度的活力的商业不可能继续下去，因而迫使城市无可挽救地走向衰落。但是这尚未判处城市的死刑。尽管城市缩小和萧条了，但是还继续存在。在当时的农业社会中，不管怎么说，城市保持着极大的重要性。如果想了解城市以后所起的作用，则必须充分了解城市当时所起的作用。

如前所述，教会根据罗马城镇的区划来建立自己的教区。由于教会受到蛮族的尊敬，因此当蛮族定居在帝国各省之后，教会得以将城市制度继续保留下来，因为教会是以这种制度为基础的。商业的中断和商人的离去对于教会组织并无影响。主教们驻节的城市变得更加贫困和人烟稀少，而主教们并未受到影响。反之，愈是普遍地由富变穷，主教们的权力和影响愈是显示出来。主教们因国家威信的丧失而享有更高的威信；他们得到信徒的大量捐赠；加洛林王朝吸收他们参加社会的管理，由于这一切，主教们就同时凭借他们的精神权威、经济力量和政治活动而受到尊敬。

当查理大帝的帝国崩溃的时候，主教们的地位远未受到损害，仍然很巩固。那些摧毁了王权的封建王侯们，并未触及教会的权

① 见本书第一章。

力。因为教会的权力源于神授，所以免遭损害。王侯们害怕主教们，因为主教们可以向他们投以逐出教会这项可怕的武器。他们将主教们当作秩序和正义的超自然的保护者来尊敬。在9和10世纪的混乱之中，教会的权势因而未受触动，而且教会当之无愧。为了与王权往后无力压制的私人战争的灾难作斗争，主教们在他们的教区内建立了上帝的和平制度①。

主教们的优势自然赋予他们的驻节地——即古代的罗马城镇——以特殊的重要性。拯救这些城镇免于毁灭的正是这一点。在9世纪的经济中，这些城镇实际上再无存在的理由。由于不再是商业中心，这些城镇十分显然地失去了大部分的人口。在墨洛温时代城镇还保留着的城市特性随着商人一起消失了。对于世俗社会来说，城镇再无丝毫用处。在城镇的周围，大领地自给自足。本身是建立在单纯农业经济基础上的国家，没有理由关心城镇的命运。加洛林王侯们的宫殿不是坐落在城镇，这一点是非常能够说明问题的。这些宫殿无一例外地在乡间、在王朝的领地内：在默兹河流域的赫斯塔尔、朱皮勒；在莱茵河流域的英格尔海因；在塞纳河流域的阿蒂尼厄、基埃西等等。埃克斯-拉-夏佩勒的名声不应引起对该地性质的错觉。该地在查理大帝时期暂时放射的光芒，仅仅由于它是皇帝喜爱的住处这一优越条件。在虔诚的路易统治末期，该地就沦为无关重要了。在四个世纪以后该地才成为一座城市。

① 关于这种制度，见L.胡贝蒂：《上帝的和平与尘世的和平的法律史的研究》（安斯巴赫，1892年）。

政府对于罗马城镇的继续存在不能做出丝毫的贡献。作为法兰克王国省份的伯爵领地也没有各自的首府，正如王国本身没有一个首都一样。受托管理伯爵领地的伯爵不居住在固定的地点。他们经常在其辖区内巡回，以主持审判会、征收捐税和招募军队。行政中心不是他们的衙署，而是他们本人。因此无论他们在城镇中是否有官邸都无关紧要。由于他们是从该地区的大领主中招聘的，他们通常住在自己的领地内。他们的城堡如同皇帝的宫殿一样通常是在乡间。[①]

反之，教会的纪律迫使主教常驻一地，他们必须经常住在各自教区的主教教座所在的城镇。城镇虽然在世俗管理方面失去了作用，但是并未失去宗教管理中心的性质。每个主教管区仍然以其大教堂所在的城市为中心。从 9 世纪起，civitas（城市）一词意义的变化清楚地说明了这一事实。这个词变成了主教管区和主教管辖城市的同义词。civitas Parisiensis 一语既指巴黎主教管区也指主教驻节的巴黎市本身。根据这双重含义，人们还记得教会使古代的城市制度适合于教会的目的。

总之，在变得贫穷和人口减少的加洛林城镇所发生的事情，与当 4 世纪时“永恒的城市”不再是世界的首都，在一个重要得多的舞台——罗马，所发生的事情十分相似。皇帝们抛弃罗马去拉文纳，随后去君士坦丁堡，他们把罗马遗弃给教皇。罗马在宗教管理方面继续起着它在国家管理方面不再起的作用。皇帝之城变成了

① 这种情况在欧洲北部尤甚。相反，在法兰西南部和意大利，罗马帝国的城市组织未完全消失，伯爵们通常住在城镇。

教皇之城。罗马的历史威望提高了圣彼得的继承者的威望。因为与世隔绝，他似乎更加伟大，同时变得更有权力。人们也只能看到他；旧的主人不复存在，人们也只能听命于他。他继续居住在罗马，使罗马成为他的罗马，正如每个主教使他居住的城镇成为他的城镇。

在罗马帝国末期，尤其在墨洛温时代，主教对于城镇居民的权力越来越大。他们利用世俗社会的日益瓦解，接受或曰僭取了权力，对于这种权力，居民尽量避免提出异议，国家对此不感兴趣，而且也无法制止。教士从 4 世纪起开始享有司法和税收方面的特权，这进一步提高了主教的地位。由于法兰克国王们大量授予主教特免证书，主教的地位更加突出。根据特免证书，主教实际上摆脱了伯爵对他们的教会领地的干涉。从那时（即 7 世纪）起，他们被赋予对其人民和土地的不折不扣的领主权。除了他们已经对教士执行的教会审判权以外，又加上了世俗审判权，他们把世俗审判权委托给一个由他们建立的法庭，法庭的庭址自然固定在他们驻节的城镇。

在 9 世纪，由于商业消失，城市生活的最后痕迹随之消失，那些残存下来的属于城市居民的东西不复存在，这时，已经如此广泛的主教权势变得无与伦比。从此以后，城镇完全处于他们的控制之下。在城镇中事实上几乎也只有或多或少直接从属于教会的居民。

虽然没有非常准确的资料，然而还是可以猜测出这类居民的性质。他们包括大教堂以及聚集在其周围的其他教堂的教士，修道院的修士（他们来到主教管区的主教教座所在地定居，有时为数相当多)，教会学校的师生，最后还有仆役以及自由的或非自由的工匠(他们对于满足祭祀的需要以及教士日常生活的需要是必不可少的)。

在城镇里几乎总是可以看到每周一次的市场，附近的农民把他们的农产品拿到那里。有时在城镇里甚至还举行一年一度的市集(annalis mercatus)。在城门口对进出的每件东西征收商品通行税。在城内设有一个铸币厂。在城镇里还有几座塔楼，住着主教的封臣、推事或城堡主。除此之外，最后一定还有粮仓和仓库，堆积着主教领地和修道院领地的收获物，是由佃农们定期用大车从外面运来的。在每年的重大节日，教区内的教徒涌入城镇，使之在几天中显出不寻常的喧嚣熙攘生气勃勃的景象。[①]

这整个小小世界承认主教既是精神首领也是世俗首领。宗教的权力和世俗的权力结合起来，确切地说，在他身上混成一体。在一个由神甫和议事司铎组成的宗教会议的协助下，他根据基督教道德的箴言管理城镇和教区。由于国家的软弱，更由于国家的恩宠，由副主教主持的教会法庭大大地扩大了职权范围。不仅有关教士的所有案件归它审理，而且有关在俗教徒的许多案件也归它审理：如婚姻、遗嘱、身份等等案件。指定由城堡主或推事主持的世俗法庭的权限也得到类似的扩大。从虔诚的路易在位时起，世俗法庭不断地侵越职权。政府管理越来越混乱不堪，既说明了越

① 对于9和10世纪的城镇还未进行充分的研究。我在这里和下文所说系借用法兰克王国敕令中的许多段落以及分散在编年史和圣徒传记中的某些文献资料。至于德意志的城镇(自然比高卢的城镇为数少得多和不重要得多)，应该查阅S.里切尔的重要著作：《加洛林时代末期德意志土地上的城市》(莱比锡，1894年)。

权的原因，也说明了越权是正当的。并非仅仅享有特免权的人归世俗法庭管辖。很可能至少在城镇的墙垣之内，每个人都受世俗法庭的管辖，世俗法庭事实上代替了伯爵在理论上还拥有的对自由民的审判权。[①] 此外，主教还行使未严格规定的警察权，据此他管理市场，规定商品通行税的征收，监督硬币的铸造，负责城门、桥梁和壁垒的维修。简言之，在城镇的管理方面再没有一个领域，他不是以秩序、和平和公众福利保护者的身份，根据法律或权力进行干预。神权制度完全代替了古代的城市制度。居民由主教进行管理，他们不再要求分享丝毫的政府权力。有时确实在城镇中爆发骚乱。主教在其殿堂内受到袭击，有时甚至被迫出逃。但是不可能从这些暴动中看到丝毫城市精神的痕迹。这些事件是由于阴谋诡计或私人争端而导致的。如果认为这些事件是11、12世纪城市公社运动的前兆，那是绝对错误的。再者，这类事件也是很稀少的。一切表明，主教的管理一般来说是仁德的，也是得人心的。

如上所述，这种管理并不限于城镇范围之内，而是扩展到整个主教管区。城镇是管理的中心，而主教管区是管理的范围。城镇居民丝毫也不享有特权地位。他们生活其下的制度是习惯法的制度。城镇居民中包括骑士、农奴和自由民，他们与城镇之外的同类人的区别仅在于他们是聚居在一个地方。中世纪的市民阶级将要享有的特别法和自治，这时还找不出任何痕迹。当时的文献中用来指城镇居民的civis(公民)一词仅仅是地形学上的一个名称，不

① 自然我只是力图说明一般情况的特点。我并非不知道一般情况中包含着许多例外情况；但是这些例外情况不能改变从研究事实所得出的总的印象。

具有法律上的意义。[①]

城镇是主教驻节地同时又是堡垒。在罗马帝国的末期，必须在城镇的四周筑起墙垣以免受蛮族的侵袭。几乎在各地这些墙垣依然存在，主教们以更大的热情忙于对其加以维修或者修复，因为萨拉森人和诺曼人的入侵在9世纪时使人们日益紧迫地感到需要防护。因此罗马的旧城墙继续保护城镇免遭新的危险。

城镇的布局在查理大帝时代仍然是君士坦丁时代的样子。一般来说呈长方形，围以墙垣，侧建塔楼，有城门与外界相通，门数通常为四。如此围在墙垣之内的空间是非常有限的，边长很少超过四至五百公尺。[②] 而且城内也远非满建房屋，房舍之间有耕地与园圃。墨洛温时代还展开在墙垣之外的郊区（suburbia）已经消失。[③] 由于有城墙的防卫，城镇几乎经常胜利地抗击来自北方和南方的侵略者的进攻。在这里只要回想885年诺曼人包围巴黎的著名事件就足以说明这一点。

主教管辖的城市自然成为附近居民的避难所。修士们甚至从遥远的地方去到那里寻求躲避诺曼人的庇护地，例如887年圣瓦斯特修道院的修士们去到博韦，881和882年圣康坦修道院和根特的圣巴沃尼斯修道院的修士们去到拉昂。[④]

---

① S. 里切尔：《加洛林时代末期德意志土地上的城市》，第93页。

② A. 布朗谢：《高卢的罗马城镇》（巴黎，1907年）。

③ L. 阿尔方：《卡佩王朝初期的巴黎》，第5页（巴黎，1909年）。

④ L. H. 拉邦德：《博韦及其公社制度史》，第7页（巴黎，1892年）；W. 福格尔：《诺曼人和法兰克王国》，第135、271页。

不安和混乱赋予 9 世纪下半叶一种十分阴郁的特征，在这种情况下，确确实实地进行保护的使命于是落到了城镇头上。城镇不折不扣地是受到侵略、掠夺和充满恐怖的社会的保障。然而不久，城镇不再单独起这种作用。

我们知道 9 世纪的混乱状态加速了法兰克王国不可避免的解体。伯爵们同时又是他们地区最大的领主，他们利用当时的形势为自己僭取了完全的自治权，把他们的职位变成世袭的产业，把委托给他们的政府权力和他们对自己的领地行使的私人权力结合起来掌握在他们手中，最后把所有他们能够夺取的伯爵领地合并成一个单一的诸侯国，置于他们的统治之下。加洛林帝国于是在 9 世纪中叶以后分裂成为许多块领土，分属于许多地方王朝，与国君仅仅保持着脆弱的封建臣属关系。国家过于软弱，无力对抗这种分裂。毫无疑问，这种分裂是通过暴力和背叛的手段来实现的。然而，总的来说，这对于社会是有利的。王侯们攫取了权力，也就立即承担了由此而产生的义务。他们最明显地关心的是保卫和保护已经成为他们的土地和他们的人民的那些土地和人民。他们不会不执行只要关心私人利益就不得不执行的任务。随着权力的增长和巩固，他们越来越关心如何给予他们的诸侯国一种能够保证社会秩序与治安的机构。①

必须应付的第一需要是防御，既要防御萨拉森人或诺曼人，也

① 法兰西的大部分城堡是由世俗王侯修建的。不过加洛林王朝的最后几个国王修建了几座。在德意志，王权保持得比较强大，国王不仅修建城堡，而且从理论上说甚至只有国王才有权修建城堡。无论在德意志还是在意大利，国王授予主教们封地，主教们自然和世俗王侯一样修建城堡。

要防御邻近的王侯们。因此,从9世纪起,每个地方都布满了堡垒。[①] 当时的文献给予这些堡垒各种各样的名称:堡(castellum)、营(castrum)、镇(oppidum)、城(urbs)、市(municipium)[②];这些名称中最常用而且无论如何最具有专门用语性的是城堡(burgus)。这个词是后期罗马帝国的拉丁文从日耳曼语中借用来的,而且所有的现代语言中都保留着这个词:burg,borough,bourg,borgo[③]。

中世纪初期的城堡没有给今天留下一点痕迹。幸而我们可以根据原始资料描绘出这些城堡的相当准确的图画。城堡是墙垣围绕的场地,起初有时甚至围以简易的木栅栏[④],面积很小,通常呈圆形,四周是壕沟。中间有一座坚实的塔楼,即城堡的主楼,亦即受到攻击时进行最后防御的内堡。

一支由骑士组成的戍军(milites castrenses)常驻在那里。常常从附近居民中挑选战士组成班组,轮流来加强戍军。全部军队受城堡主(castellanus)指挥。王侯在他的土地上的每一座城堡中都有一所宅邸(domus)。由于战争和公务他不得不经常出巡,在

① 在诺曼人到来以前,除了主教管辖的城镇以外,没有或者几乎没有筑垒之地(哈里乌尔弗:《圣里基埃修道院编年史》,F. 洛校注,第118页,巴黎,1894年)。参阅R. 帕里索:《加洛林王朝时代的洛林王国》,第55页(巴黎,1899年)。在意大利,修筑城堡(castra)是由于匈牙利人的入侵(F. 施赖德:《意大利的城堡和城镇的产生》,第263页,柏林,1924年)。在德意志是由于匈牙利人和斯拉夫人的入侵。在法兰西南部是由于萨拉森人的入侵(布吕塔伊:《鲁西荣省的农村阶级史》,第35页)。

② 关于这些词的意义,见K. 黑格尔:《古代德意志史学学会新文库》,第18卷(1892年)和G. 代·马雷:《oppidum一词的法律含义》,载《H. 布吕纳纪念册》(柏林,1910年)。

③ 这四个词中,burg,borough是英语,bourg是法语,borgo是意大利语,都有城、镇的意思。——译者

④ E. 迪姆勒:《东法兰克王国史》,第2版,第3卷,第156页(莱比锡,1888年)。

出巡期间就偕同其扈从居住于那些宅邸。礼拜堂或教堂常常在墙雉之上竖起一座钟楼，礼拜堂或教堂的侧面是供教士们居住的房舍。有时在礼拜堂或教堂的旁边还有用来召开审判会的地方，与会的成员定期从堡外来到堡内出席审判。最后，必不可少地还有一个粮仓和几个地窖，储存王侯所占有的附近各领地的产品，以便在一旦被围困时提供急需以及当王侯在该堡逗留时为他提供食品。向当地农民征收的实物贡赋保证驻军的给养。维修墙垣的责任同样落在这些农民的身上，他们不得不根据劳役的规定承担这项工作。[①]

上面描绘的图画在细节上自然因地而异，但是基本特征各地皆然。佛兰德尔的 bourg 和盎格鲁-撒克逊英国的 borough 之间的相似之处是很明显的。[②] 这种相似之处或可证明，同样的需要使得各地采取了相似的措施。

如上所述，城堡首先是军事设施。但是除了这种最初的性质之外，很早就又加上了行政中心的性质。城堡主不再只是城堡成

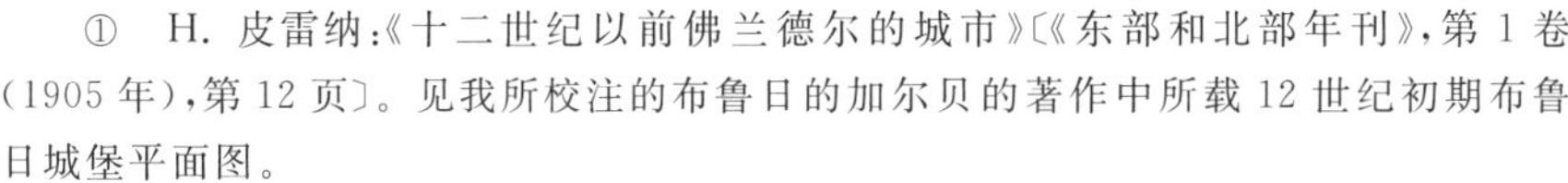

① H. 皮雷纳：《十二世纪以前佛兰德尔的城市》〔《东部和北部年刊》，第 1 卷（1905 年），第 12 页〕。见我所校注的布鲁日的加尔贝的著作中所载 12 世纪初期布鲁日城堡平面图。

② W. 梅特兰：《城镇和城堡》（剑桥，1898 年）。参阅 M. C. 斯蒂芬森的论著：《英国城镇的起源》，这篇文章最近发表在《美国历史评论》上。还必须将西部的城堡和捕禽者亨利 10 世纪时为抵御斯拉夫人沿易北河和萨勒河所建立的城堡相比较（C. 克恩：《城堡、城堡居民和城市》，载《历史杂志》，第 133 卷，1925 年）。——关于城堡的社会作用，我只引用在我看来非常有代表性的下述文献资料，说的是 996 年建立康布雷锡城堡的问题，“这是防御盗匪的屏障和保护附近农村居民自由的堡垒”（《康布雷主教言行录》，载《德意志历史文献·著述》，第 7 卷，第 450 页）。见 C. 克恩：《城堡、城堡居民和城市》，第 11 页，注 5 的一个类似的例子，说的是在希尔德斯海姆主教管区建立一个城堡的问题：“为了保护……免受奸诈的斯拉夫人的攻击和劫掠。”

军的骑士们的指挥官。王侯将城堡墙垣周围面积相当广阔的地区的财政和司法职权委托给他，从10世纪起，这样一个地区叫做城堡区(châtellenie)。城堡区之依附于城堡正如主教管区之依附于城镇。战时居民到那里避难；平时他们去那里参加审判会或者缴纳应缴的贡赋。[①] 尽管如此，城堡没有显示出一丝一毫的城市特性。居民中除了作为主要组成部分的骑士和教士以外，只有他们雇来为他们服务的人，这类人的数目肯定是很少的。他们是城堡的居民，而不是城市的居民。在这样的环境中，商业和工业不可能出现，甚至无法想像。这样的环境本身不生产任何东西，靠邻近的土地的收入生活，只起消费者的作用，别无其他经济作用。

除了王侯们修筑的城堡以外，还必须提到，9世纪时大多数的大修道院建起了筑有防御工事的围墙，以保护自己抵抗蛮族。因此大修道院也变成了城堡。而这些教会的堡垒在各个方面都与世俗的堡垒具有同样的性质，都只是避难和防御的地方。[②]

因此可以得出一个可靠的结论：随着加洛林时代而开始的那个时期，无论就城市这个词的社会意义、经济意义或法律意义来说，都不存在城市这个东西。城镇和城堡只是筑垒之地和行政中枢。它们的居民既不拥有特别法，也不拥有他们自己的制度，而且他们的生活方式与社会的其他成员也毫无共同之处。

因为城镇和城堡与商业活动和工业活动无关，所以它们在各

① W.布洛马埃：《佛兰德尔的城堡主》(根特，1915年)。

② 见《圣柏尔提尼的奇迹》(《德意志历史文献·著述》，第15卷，第512页)提供的关于891年围绕圣柏尔提尼修道院构筑的堡垒(castellum)的非常生动的细节。这个堡垒有一条壕沟，壕沟边上竖起土墙，土墙顶上装着木栅栏。

个方面都符合于那个时代的农业文明。而且它们的居民为数极少。由于资料的缺乏，不可能做出准确的估计。但是，一切表明，最大的城堡只有几百人，城镇或许从未超过两三千人。

然而，城镇和城堡在城市的历史上起过重要的作用。可以说，它们是城市的踏脚石。当经济复兴出现以后(经济复兴的最先征兆突然出现在10世纪)，城市就在它们的城墙周围形成。

第四章　商业的复兴

我们可以认为9世纪末是这样的时刻：根据西部欧洲经济发展所描绘的曲线达到了关闭地中海以来的最低点；9世纪末也是这样的时刻：入侵者的劫掠和政治上的无政府状态所引起的社会混乱达到了最高峰。10世纪即使不是复兴的时期，至少也是相对的稳定与和平的时期。诺曼底让予罗隆（912年）[1]标志着在西面斯堪的纳维亚人大规模入侵的结束，同时在东面捕禽者亨利和奥托沿易北河阻止住了斯拉夫人，在多瑙河流域阻止住了匈牙利人（934、955年）。与此同时，在法兰西，肯定地战胜了王权的封建制度在加洛林王朝旧结构的废墟上建立起来。反之，在德意志，社会的发展较慢，使萨克森家族的王侯们得以抵住世俗贵族的侵犯；他们所依靠的主教们的权势，使他们得以恢复君主的权力，并且使他们得以打着罗马皇帝的旗号，自称拥有查理大帝行使过的万能的职权。

尽管做到这一切并非没有斗争，然而毋庸置疑这一切还是有好处的。欧洲不再遭受无情的蹂躏；欧洲恢复了对未来的信心，有了这种信心，也就恢复了热情和工作。很可能人口回升始于10世

① 罗隆（Rollon），第一任诺曼底公爵，原为北欧海盗。——译者

纪。更加明显的是，社会当局又开始履行其应尽之职责。从那时起，在封建的诸侯国中如同在主教的诸侯国中一样，突然出现为努力改善人民生活条件而组织起来的最早痕迹。在那个几乎不能摆脱混乱状态的时代，最大的需要是和平的需要，即社会一切需要中最基本和最主要的需要。请注意，第一次上帝的和平于989年宣布。私人战争，那个时代的灾害，受到法兰西各地的伯爵们和德意志帝国教会的高级教士们强有力的反对。

因此11世纪呈现的画面在10世纪已经开始显露出来，尽管10世纪依旧显得黯淡。关于千年恐怖的著名传说在这一点上不无象征意义。如果说人们预计一千年是世界的末日，那无疑是不确实的；但是，从一千年开始的那个世纪，与前一个世纪大不相同，它的特点是如此引人注目地重新活跃起来，以致可以认为是一个长期被令人苦恼的梦魇所压抑的社会觉醒了。在每一个领地内都可以看到同样的精神焕发，也就是说，充满乐观情绪。因克吕尼的改革而恢复了生气的教会着手涤除侵蚀教规的流弊，并且摆脱顺从于皇帝的状态。激励着教会并由教会灌输给教徒的那种不可思议的热情，把他们投入威武雄壮的十字军进军，这场进军使西方的基督教重新挺直腰杆对抗伊斯兰教。封建主义的尚武精神使教会发动并且完成了史诗般的事业。诺曼底的骑士们去南意大利同拜占庭人以及穆斯林作战，在那里建立诸侯国，不久由此产生西西里王国。另外的诺曼底人联合佛兰德尔人和北部的法兰西人在威廉公爵领导下征服英格兰。在比利牛斯山脉以南，基督教徒把西班牙的萨拉森人赶向后退，并且占领托莱多和巴伦西亚（1072—1109年）。这样的事业不仅表明性格坚强的人物的毅力和气魄，而且表

明社会的健全。如果没有作为11世纪特点之一的高出生率，这样的事业显然是不可能完成的。在这个时期，家庭中人丁兴旺的现象似乎在贵族中和在农民中一样地普遍。年轻的小伙子到处皆是，他们感到自己的乡土上人满为患，渴望到远方去碰碰运气。处处可以遇见找钱赚和找工作的冒险者。军队中充满了雇佣兵（茅屋农或佛兰德尔人），谁想要雇佣他们，就给谁效力。自12世纪初起，成帮结伙的农民离开佛兰德尔和荷兰去给易北河沿岸的沼泽排水。在欧洲各地都有大量的劳动力；从这时起，垦荒和筑堤的巨大工程的数目不断增加，其原因肯定就在这里。

从罗马时代到11世纪，耕地面积似乎没有明显地增加。除在德意志各国以外，修道院几乎没有改变耕地面积的原状，几乎总是保持在原有的土地上，对于减少领地内的森林、荒地和沼泽面积无所作为。但是一旦由于人口增加可以好好利用这些不生产的土地时，情况就完全不同了。就在1000年左右，开始了垦荒的时期，开垦面积不断扩大，一直继续到12世纪末。由于居民的增加，欧洲向自己"殖民"。王侯们和大领主们开始兴建新的城市，无地耕种的小伙子们大批去到那里。[①] 大森林开始被砍伐。在1150年左右，佛兰德尔出现了第一批围海田。[②] 1098年成立的西斯特教团立即致力于垦荒和伐木。

众所周知，人口增加和重新活跃（前者既是后者的原因也是结

---

① 关于11世纪人口增长情况，见赫斯费尔德的朗贝尔：《编年史》，第121页，O.霍尔德-埃格校注（汉诺威，1894年）；絮热：《法国史学家文集》，第12卷，第54页；图尔内的埃尔芒：《德意志历史文献·著述》，第14卷，第344页。

② H.皮雷纳：《比利时史》，第1卷，第4版，第148、300页。

果)转过来有利于农业经济。但是人口增长必定也对商业产生影响。自 11 世纪起,商业进入复兴时期。这次复兴是在两个策源地的影响下开始的,一个策源地位于欧洲南部,另一个位于欧洲北部:即一方面是威尼斯和南意大利,另一方面是佛兰德尔海岸。这就是说,商业复兴是外部刺激的结果。正是由于这两个地方与外国商业所保持的联系,商业复兴才得以出现和传开。商业复兴或许有可能在另外的情况下出现。商业活动可能按照一般经济生活的发展趋势而得以恢复。然而事实并非如此。正如对外出口关闭之时西部地区的商业消失一样,对外出口重开之日,西部地区的商业也随之恢复。

众所周知,威尼斯在欧洲经济史上占有独特的地位,它对于西部地区商业的影响从一开始就表现出来。和蒂尔一样,威尼斯确实表现出一种独有的商业性。威尼斯的第一批居民是在匈奴人、哥特人和伦巴德人逼近之时逃来的,他们于 5 和 6 世纪时逃到里阿尔托、奥利沃洛、斯皮纳隆加和多索杜罗等环礁湖中荒芜的小岛上避难。① 为了生存,他们必须竭尽心机并且与大自然作斗争。他们一无所有,甚至饮水也短缺。但是对善于经营的人来说,海就足以维持生活。捕鱼和制盐立即保证了威尼斯人的生计,因为这使他们能够拿自己的产品与附近沿岸居民换取小麦。

正是这种居住条件迫使他们从事商业。商业给有进取精神的人提供了无限的可能性,他们具有利用这种可能性的精力和才干。从 8 世纪起,他们占据的小岛群已经人烟稠密,足以成为一个特别

① L. M. 哈特曼:《威尼斯经济之发轫》〔《社会和经济季刊》,第 2 卷(1904 年)〕。

主教管区的教座所在地。

在威尼斯创建时期，全意大利还属于拜占庭帝国。由于威尼斯地处海岛，得以逃脱相继侵袭半岛的征服者——首先是伦巴德人，随后是查理大帝，最后是德意志皇帝们——的控制。因此威尼斯依然在君士坦丁堡的主权范围之内，这样就在亚得里亚海底部和阿尔卑斯山脚下形成一个拜占庭文明的孤立前哨。当西部欧洲与东部地区分离的时候，威尼斯继续是东部地区的一部分。这种情况具有头等的重要性。结果是威尼斯一直沿着君士坦丁堡的轨道运转。虽然海水相隔，但是威尼斯受君士坦丁堡的吸引，并且在君士坦丁堡的影响下成长壮大起来。

直到 11 世纪时，君士坦丁堡看来不仅是一座大城市，而且是整个地中海沿岸地区最大的城市。它的居民接近一百万人，而且特别地活跃。[①] 他们不像共和时代和帝国时代的罗马居民那样安于消费不事生产。他们满怀热情（税收制度束缚但未扼杀这种热情），不仅致力于商业而且致力于工业。君士坦丁堡既是一个政治首都，也是一个巨港和第一流的工业中心，在那里存在着各种生活方式和各种社会活动形式。在基督教世界，只有君士坦丁堡呈现出与现代大城市类似的景象，既有各种纠纷，各种缺陷，也有基本上属于城市文明的各种讲究。由于航运从未中断，它与黑海海岸、小亚细亚、南意大利以及亚得里亚海沿岸地区保持着联系。它的战舰保证了它的制海权，如果没有制海权，它就不能生存。当它保

① A. 昂德雷阿代：《拜占庭皇帝时期君士坦丁堡的人口》（罗维戈，1920 年）。尚无一部君士坦丁堡的经济史。既然没有更好的，可以查阅 L. 勃伦塔诺：《拜占庭的国民经济》（莱比锡，1917 年）。

持强大之时，它能够在伊斯兰教面前维持对东地中海整个海域的控制。

我们很容易了解威尼斯同一个与西部欧洲非常不同的世界联系在一起而得到多么大的好处。威尼斯不仅因这个世界而出现商业繁荣，而且从那里学到高度的文明、熟练的技术、经商的才智以及政治和行政的组织，这些使得威尼斯在中世纪欧洲占有一个与众不同的地位。自 8 世纪起，威尼斯致力于供应君士坦丁堡，取得越来越大的成功。威尼斯的船只把其东面和西面邻近地区的产品运到君士坦丁堡：意大利的小麦和酒，达尔马提亚的木材，环礁湖的盐；而且不顾教皇和皇帝的禁令，把它的海员在亚得里亚海沿岸的斯拉夫民族中很容易得到的奴隶运到君士坦丁堡。威尼斯的船只从君士坦丁堡带回拜占庭工业生产的珍贵织品以及亚洲供给君士坦丁堡的香料。10 世纪时，威尼斯港的活动已经达到异乎寻常的规模。[①] 随着商业的扩展，利欲不可抑制地表现出来。威尼斯人从不瞻前顾后。他们的信仰是商人的信仰。只要同穆斯林做生意有利可图，尽管穆斯林是基督的敌人，这对他们来说是无关紧要的。9 世纪时，他们越来越频繁地去阿勒颇、亚历山大、大马士革、凯鲁万、巴勒莫。商务条约保证他们在伊斯兰教徒的市场上享有特权地位。

11 世纪初，威尼斯的力量如同它的财富一样奇迹般地增长。在督治皮埃特罗二世即奥赛罗时期，威尼斯肃清了亚得里亚海的斯拉夫海盗，降服了伊斯特里亚，在扎拉、维格利亚、阿尔伯、特罗、

① R. 海南：《威尼斯资本主义的产生》，第 15 页（斯图加特，1905 年）。

斯帕拉托、库尔左拉和拉戈斯塔拥有商行或军事机构。执事约翰赞美威尼蒂亚的马笼头的灿烂光辉；阿普莱亚的纪尧姆夸耀该城“钱多人众”，并且声称威尼斯人“勇于海战，善于航海，世上无人匹敌”。

以威尼斯为中心的强有力的经济活动不可能不传播到仅隔环礁湖的意大利各地区。威尼斯已经从那里得到供消费或者供出口的小麦和酒。威尼斯自然设法在那里为东方商品找到销路，因为海员们把数量越来越大的东方商品卸在威尼斯的码头上。通过波河，威尼斯与帕维亚建立联系，帕维亚不久在威尼斯的影响下活跃起来。[①] 威尼斯从德意志皇帝们那里得到自由进行贸易的权利，最先与附近城市，以后与全意大利；还得到垄断运送抵达它的港口的全部货物的权利。

10 世纪时，伦巴第在威尼斯的影响下开始出现商业生活，这种影响迅速从帕维亚扩展到附近的城市。所有这些城市都急于参加贸易活动，威尼斯为它们作出了榜样，而且把这些城市的贸易激发起来对威尼斯也是有利的。进取精神在一个又一个地方相继发展起来。不仅农产品使得伦巴第与威尼斯的商业关系继续下去，而且伦巴第的工业崭露头角。最迟从 11 世纪初期起，卢卡已经致力于呢绒生产。如果不是我们的资料贫乏得可怜，关于伦巴第经济复兴的发端我们会知道的多得多。[②]

虽然威尼斯的影响在意大利处于优势，但是在那里并非只有

① R. 海南：《威尼斯资本主义的产生》，第 23 页。

② K. 绍布：《罗曼语民族的商业史》，第 61 页(慕尼黑，1906 年)。

威尼斯的影响。在斯波莱托和贝内文托那边的半岛南部，仍旧处于拜占庭帝国的权力范围之内，在 11 世纪诺曼人来到以前一直如此。巴里、塔兰托、那不勒斯，尤其是阿马尔菲，与君士坦丁堡保持着类似威尼斯与之保持的关系。这些地方的商业很活跃，而且如同威尼斯一样毫不犹豫地与穆斯林港口通商。① 这些地方的航运事业必然或迟或早碰到靠北一些的滨海城市的竞争。事实上，从 11 世纪初起，我们看到，首先是热那亚，随后不久是比萨，把它们的努力转向大海。935 年，萨拉森海盗还抢劫过热那亚。但是轮到热那亚采取攻势的时刻正在临近。热那亚本来可以如同威尼斯或阿马尔菲做过的那样，和它的正统宗教的敌人缔结商约。西部地区狂热的宗教感情不允许这样做，而且几个世纪以来积累了太多的对萨拉森人的仇恨。海道只能用武力打开。自 1015—1016 年起，在比萨的协同下，热那亚指挥了进攻撒丁的远征。二十年后，在 1034 年，热那亚和比萨一度夺取非洲海岸的博纳；比萨人在 1062 年胜利进入巴勒莫港，摧毁了该地的兵工厂。1087 年，热那亚和比萨的舰队在教皇维克多三世的鼓励下进攻梅迪亚。②

所有这些远征既是出于宗教热忱也是出于进取精神。热那亚人和比萨人与威尼斯人很不相同，面对伊斯兰教，他们认为自己是基督和教会的士兵。他们相信看见大天使加百列和圣彼得领导他们同异教徒战斗。只是在屠杀了“穆罕默德的阿訇们”和抢劫了梅迪亚的清真寺之后，他们才签订了一项有利的商约。在这次胜利

① 埃伊德：《地中海东岸地区的商业史》，第 1 卷，第 98 页。

② 同上书，第 121 页；K. 绍布：《罗曼语民族的商业史》，第 49 页。

之后建立的比萨大教堂，令人赞叹地象征着征服者的神秘主义和航海事业开始给他们大量带来的财富。圆柱和从非洲运来的珍贵的大理石用以装饰大教堂，似乎他们想以大教堂的壮丽表明基督教对萨拉森人的报复。萨拉森人的富裕是一件令人愤慨和羡慕的东西。这至少是当时的一首热情洋溢的诗篇所表现的感情[①]：

> 你的教堂千秋万代灿烂辉煌，
> 黄金、宝石、珍珠、锦缎放出耀眼的光芒。

在基督教反击面前，伊斯兰教就这样一点一点地退却。发动第一次十字军(1096 年)标志着伊斯兰教最后的退却。自 1097 年起，热那亚舰队驶向安条克，给十字军运去援军和粮食。两年以后，比萨"奉教皇之命"派出军舰解放耶路撒冷。从此以后，整个地中海向西部地区的航运开放，更确切地说，向西部地区的航运重新开放。如同罗马时代一样，那个基本上属于欧洲的海从此端到彼端的交通恢复了。

伊斯兰教对地中海的控制结束了。确实，十字军在政治和宗教方面的结果是短暂的。耶路撒冷王国和埃德萨、安条克诸侯国 12 世纪时被穆斯林夺回。但是地中海仍旧在基督教徒控制之下。现在是他们在地中海掌握着经济控制权。地中海东岸诸港的全部航运逐渐属于他们。在叙利亚的港口、埃及的港口和爱奥尼亚海的岛屿，他们的商业机构以惊人的速度增加。由于征服了撒丁

① E. 迪・梅里：《中世纪拉丁文民间诗》，第 251 页(巴黎，1847 年)。

(1022年)、科西嘉(1091年)和西西里(1058—1090年),他们从萨拉森人手中夺取了自9世纪以来使萨拉森人能将西部地区置于封锁状态的那些作战基地。热那亚人和比萨人拥有驶向东部海岸的畅通海路(亚洲内地的产品由沙漠商队或者红海、波斯湾的船只大批运送到东部海岸),并且轮到他们常去拜占庭那个伟大港口。诺曼人占领阿马尔菲(1073年),结束了该城的商业,从而使他们摆脱了该城的竞争。

然而热那亚和比萨的进步立即引起威尼斯的妒忌。威尼斯不能容忍这些新来者分享它想要保持的贸易垄断。威尼斯和它们信仰同一宗教,属于同一民族,说同一语言,这些都是枉然;因为它们已经成为竞争者,就只能视为仇敌。1100年春,一支威尼斯舰队埋伏在罗得岛前守候比萨派往耶路撒冷的舰队返航,出其不意地进行攻击,毫不留情地击沉大量船只。[①] 于是开始了这两个沿海城市之间的冲突,终其繁荣之世,冲突延续不绝。地中海再无恺撒们的帝国以往给它规定的那种罗马的和平了。利害的分歧从此以后使两个争夺地中海的对手在地中海上保持有时隐蔽有时公开的敌对状态。

海上贸易逐渐发展,范围自然越来越广泛。自12世纪初起,扩展到法兰西和西班牙海岸。古老的马赛港自墨洛温时代末期陷入长期冬眠状态以后,这时恢复了生气。在加泰罗尼亚,巴塞罗那也从地中海的开放中得到好处。然而毫无疑问意大利在经济复兴的初期保持领先地位。地中海的全部商业活动东面通过威尼斯,

① K.绍布:《罗曼语民族的商业史》,第125页。

西面通过热那亚、比萨汇流到伦巴第，所以伦巴第异乎寻常地蓬勃发展起来。在那个令人神往的平原上，城市像庄稼一样茁壮成长。土地之肥沃使城市能够无限发展，同时销路之易得又有利于原料的进口和产品的出口。商业促使那里工业的出现，随着商业的发展，贝加莫、克雷莫纳、洛迪、维罗纳，所有古罗马的“城镇”，所有古罗马的“自治市”(municipes)，重新出现了新的生机，比之它们在古典时代所曾具有的生机更加蓬勃得多。不久它们过度的积极性谋求向国外扩展：在南面扩展到托斯卡纳；在北面开辟了通过阿尔卑斯山的新道路。经过斯普卢根山、圣伯纳德山和布伦内罗山的隘口，把地中海激起它们的积极性那种有利因素带给欧洲大陆。[①]伦巴德人沿着河流所形成的天然道路前进——沿多瑙河向东，沿莱茵河向北，沿罗讷河向西。自1074年起，有文字记载，在巴黎有意大利商人(无疑是伦巴德人)[②]；自12世纪初起，佛兰德尔的市集已经吸引了大量的意大利商人[③]。

南方人出现在佛兰德尔海岸是再自然不过的事情。这是商业和商业之间自然吸引的结果。

前面已经说过：在加洛林时代，尼德兰曾经表现出当时其他地方所不曾有的商业活力。[④] 这一点很容易解释：许多江河流经该国，如莱茵河、默兹河、埃斯科河，而且入海前在那里互相联结起

---

① A.许尔特：《中世纪德国西部和意大利间商业关系史》，第1卷，第80页。

② K.绍布：《罗曼语民族的商业史》，第90页。

③ 布鲁日的加尔贝：《佛兰德尔伯爵，好心的查理遇害始末》，H.皮雷纳校注，第28页(巴黎，1891年)。

④ 见本书第21页。

来。英格兰和斯堪的纳维亚各地区离这个拥有许多广而深的河口湾的国家很近，所以它们的海员不会不很早就常去那里。如前所述，杜尔斯泰德和康托维克港就是由于他们而具有重要性的。但是好景不长。在诺曼人入侵时期，两地的重要性不复存在。一个地方愈是易于接近，就愈是引来侵略者，也愈是遭到他们的践踏。威尼斯的地理位置保护了商业的繁荣，而这里的地理位置必然促成商业的毁灭。

诺曼人的入侵仅仅是斯堪的纳维亚人感到需要扩张的初步表现。他们的充沛的精力促使他们同时向西部欧洲和俄罗斯进行抢劫和征服的冒险。他们并不是普通的海盗。如同日耳曼人以前对罗马帝国那样，他们渴望定居在比他们的祖国富裕和肥沃的地区，并且为他们的祖国再也无法养活的过剩人口建立殖民地。在这项事业中他们终于取得成功。在东面，瑞典人沿着从波罗的海经涅瓦河、拉多加湖、洛瓦特河、沃尔乔夫河、德维纳河和第聂伯河到黑海的各条天然道路站稳了脚跟。在西面，丹麦人和挪威人使亨伯河以北的盎格鲁-撒克逊诸王国成为殖民地。在法兰西，他们使纯朴的查理将英吉利海峡岸边的国家让予他们，自那时起该国取名诺曼底。

这些成功结果使斯堪的纳维亚人的活动转入一个新方向。在10世纪时，他们放弃战争致力贸易。[①] 他们的船只游弋在北方诸海，他们不用担心有人竞争，因为沿岸的各民族中只有他们是航海

① W. 福格尔：《中古初期欧洲北部和西部的航海》〔《汉萨历史杂志》，第13卷（1907年），第170页〕；A. 布格：《中古初期欧洲北部的交通道路》〔《社会和经济史季刊》，第4卷（1906年），第227页〕。

家。只要浏览北欧传奇的那些饶有趣味的故事，就可以想像出那些故事所讲述的奇遇和业绩中蛮族海员的大胆和才智。每年春天，一旦海道畅通，他们即行出海。他们出现在冰岛、爱尔兰、英格兰、佛兰德尔，在易北河、威悉河、维斯杜拉河口，在波罗的海的岛屿，在波斯尼亚湾和芬兰湾的深处。他们在都柏林、汉堡、什未林和哥得兰岛有殖民地。由于他们，商业的潮流从拜占庭和巴格达开始，经基辅和诺夫哥罗德贯穿俄罗斯，一直延伸到北海沿岸，在那里产生良好的影响。在历史上几乎没有比希腊帝国和阿拉伯帝国的高度文明以斯堪的纳维亚人为媒介给予欧洲北部的那种影响更为奇怪的现象。在这方面斯堪的纳维亚人所起的作用看来与威尼斯在欧洲南部所起的作用十分相似，尽管两地的气候、环境和文化不同。像威尼斯一样，斯堪的纳维亚人恢复了东方和西方的接触。像威尼斯的商业很快将伦巴第卷入它的活动之中一样，斯堪的纳维亚的航海活动激起佛兰德尔海岸的经济觉醒。

佛兰德尔的地理位置确实使之成为北方诸海的商业在西部的极好中途站。佛兰德尔成为来自英格兰的船只或者穿过松得海峡出波罗的海南下的船只的旅程的天然终点。前面已经说过，康托维克和杜尔斯泰德港在诺曼人入侵时期以前已常有诺曼人来往。这两个港口在风暴中相继消失。康托维克再未从废墟上兴起。位于兹万湾底部的布鲁日位置更好，继承了康托维克。至于杜尔斯泰德，自 10 世纪初起，斯堪的纳维亚的海员又出现在那里。然而该地的繁荣未持续很久。商业越来越发展，也就越来越集中到布鲁日，因为该地离法兰西更近，而且佛兰德尔的伯爵们使该地维持着杜尔斯泰德地区不曾享有的安全。无论如何，可以肯定布鲁日将北方的贸易越来越吸引到自己的港口，而且可以肯定11世纪时杜尔斯泰德的消失决定性地保证了布鲁日的前途。在丹麦、普鲁士直到俄罗斯发现大量的佛兰德尔伯爵阿诺尔德二世和博杜安四世(965—1035年)时的钱币。在缺乏书面资料的情况下，这一事实证明，从那时起，通过斯堪的纳维亚海员，佛兰德尔与上述国家保持着联系。[①] 佛兰德尔与对面的英格兰海岸的交往必定更加活跃。我们知道，盎格鲁-撒克逊的王后埃玛1030年前后就在布鲁日避难。991至1002年，在伦敦的商品通行税清册中，佛兰德尔人居于在该城经商的外国人的首位。[②]

在佛兰德尔这样早就显示出商业重要性的各种原因之中，应该指出该国有一个本地的工业，能够向停靠该地的船舶提供贵重的回程货物。从罗马时代起，甚或在此以前，摩里尼人和墨那皮人就生产呢绒。这种早期的工业必定在罗马的征服所引起的技术进步的影响下臻于完善。在海岸湿润的草地上牧养的绵羊，毛的质地尤其精良，这一点决定性地保证呢绒工业获得成功。我们知道，佛兰德尔出产的羊毛披肩和羊毛斗篷远销到阿尔卑斯山那边；我们还知道，在帝国的末期，图尔内有一个军服厂。日耳曼人的入侵并未结束此项工业。5世纪时入侵佛兰德尔的法兰克人，像他们以前的老居民一样继续从事此项工业。毫无疑问，9世纪的历史文献所谈到的弗里斯兰的织品是在佛兰德尔生产的。[③] 这看来是

① 昂热和塞吕尔：《中世纪古钱学教程》，第2卷，第505页。

② 利伯曼：《盎格鲁-撒克逊人的法律》，第1卷，第233页。

③ H.皮雷纳：《弗里斯兰的呢绒还是佛兰德尔的呢绒？》〔《社会和经济史季刊》，第7卷(1909年)，第308页〕。

使加洛林时代还保持一些商业活动的仅有的工业产品。弗里斯兰人沿埃斯科河、默兹河和莱茵河运输这些产品。当查理大帝想要用礼品答谢哈利发诃伦·阿尔·拉希德的祝贺时,他找不到比弗里斯兰的羊毛斗篷更好的东西来赠送给他。我们可以猜想,这种以色彩瑰丽质地柔软著称的织品,一定很快引起10世纪斯堪的纳维亚航海家的注意。在欧洲北部没有地方能够找到更为贵重的产品,这种织品列在最受欢迎的物品之中,与北方的毛皮、阿拉伯和拜占庭的丝织品居于同样的地位。一切迹象表明,1000年左右在伦敦市场上引人注目的呢绒是佛兰德尔的呢绒。这时航运的发展为佛兰德尔的呢绒提供了新的销路,这不可能不使该种产品的生产出现新的飞跃。

就是这样,商业和工业(后者在当地进行而前者来自国外)结合起来使得佛兰德尔地区自10世纪起经济越来越活跃。在11世纪时,佛兰德尔取得的进步已经是惊人的。从那时起,佛兰德尔与法兰西北部进行贸易,用呢绒换取法兰西的酒。诺曼底的威廉征服英格兰,使该国与大陆联系起来(以前英格兰沿着丹麦的轨道转),从而增进了布鲁日已经与伦敦保持的关系。除了布鲁日以外又出现了另外的商埠:根特、伊普雷、里尔、杜埃、阿拉斯、图尔内。伯爵们在图鲁、梅西纳、里尔和伊普雷建立了市集。

不过佛兰德尔并非是惟一受到北方航运有利影响的地方。这种影响在流到尼德兰的各条河流的沿岸都有反应。有资料提到,埃斯科河岸的康布雷和瓦朗西安以及默兹河岸的列日、于伊和迪南,在10世纪时就已经是商业中心。莱茵河岸的科隆和美因兹也是如此。离北海活动中心较远的英吉利海峡和大西洋沿岸没有显出同样的重要性。在那里，除了与英格兰有天然联系的鲁昂以及再靠南一些的波尔多和巴荣纳（此地发展较晚）以外，几乎没有其他地方值得一提。至于法兰西和德意志的内地，只是在或从意大利向上或从尼德兰向下逐渐向那里蔓延的经济渗透的影响下，非常慢地发生变化。

仅仅在12世纪时，经济渗透逐渐蔓延，终于改变了西部欧洲的面貌。经济渗透使西部欧洲摆脱了传统的静止状态，这种静止状态是一种仅仅建立在人和土地的关系基础上的社会组织强加于西部欧洲的。商业和工业不再仅仅处在从属于农业的地位，而是反过来对农业起作用。农业产品不再只供土地的所有者和耕作者消费，而是作为交换品或原料卷入总的商品流通系统。到那时为止禁锢着经济活动的领地制度的框框被打破了，整个社会显得比较灵活、活跃和丰富多彩。如同古典时代一样，乡村重新趋向于城市。在商业的影响下，古代的罗马城镇恢复生气，居民增加；在城堡脚下，在海边、河岸、河流的汇合处以及天然道路的交叉点形成了商人聚居地。每个城市构成一个市场，其吸引力的大小与其重要性成正比，有的对附近地区有影响，有的影响到很远的地方。城市或大或小，到处可以见到，平均每五平方里厄[①]就有一座。这是因为城市确实已成为社会必不可少的东西。城市采用了社会再不可无的劳动分工。城市和乡村之间相互服务。日益紧密的利害关系把城乡联结在一起：乡村向城市供应粮食，反过来城市向乡村供应商品和产品。市民的物质生活依靠农民，而农民的社会生活则

① 里厄(lieue)，法国古里，约合四公里。——译者

依靠市民。因为市民向农民展示了一种较为舒适、讲究的生活方式,这种生活方式激起了农民的希望,因而增加了他们的需要和提高了他们的生活标准。然而城市的出现并非仅仅在这方面有力地刺激了社会的进步。城市的出现还向全世界传播了新的劳动观念,这对社会进步同样做出了贡献。在城市出现以前,劳动是奴役性的;随着城市的出现,劳动成为自由的。这一事实的后果(以后我们还要谈到)是无法估量的。最后再补充一点:经济的复兴(12世纪时经济由复兴到繁荣)显示了资本的力量,我们还将充分地谈到这一点,以便说明很少的时代对社会产生过更为深刻的影响。

生机勃勃、面貌一新、迈步前进的新欧洲,总之更像古代的欧洲,而不像加洛林时代的欧洲。因为新欧洲恢复了古代欧洲作为一个城市地区的那种基本特性。我们甚至可以断言,如果说城市在政治组织方面的作用在古典时代比在中世纪为大,那么城市的经济影响在中世纪则远远超过古典时代。总的说来,在罗马帝国西部各省中,大的商业城镇相对地稀少,几乎只可举出那不勒斯、米兰、马赛和里昂。当时不存在可与威尼斯、比萨、热那亚、布鲁日那样的港口或者米兰、佛罗伦萨、伊普雷、根特那样的工业中心相比拟的地方。在高卢,诸如奥尔良、波尔多、科隆、南特、鲁昂等古代城镇,在12世纪时所具有的重要性看来远远超过它们在罗马皇帝统治时期所具有的重要性。最后,中世纪欧洲的经济发展超越了罗马欧洲的经济发展所达到的范围,不是停止在莱茵河和多瑙河沿岸,而是广泛地蔓延到德意志,并且一直延伸到维斯杜拉河。那些在基督纪元开始之时只有很少的琥珀和毛皮商人经过的、在我们祖先看来就像非洲中心一样荒凉的地区,现在到处都是繁荣的城市。罗马商船从未曾穿过的松得海峡，这时船舶来来往往显出一派生气。人们如同在地中海一样在波罗的海和北海航行。在这两个海的沿岸有着几乎同样多的港口。商业利用这两个地区的自然资源。商业控制着这两个把欧洲大陆非常奇妙的锯齿形海岸夹在当中的内陆海。正如意大利的城市将穆斯林从地中海赶了回去一样，在12世纪时德意志的城市也将斯堪的纳维亚人从北海和波罗的海赶了回去，条顿人的汉萨同盟的船舶满布在这两个海上。

就是这样，商业的扩展发端于两个地方(由于这两个地方，也就是说通过威尼斯和佛兰德尔，欧洲与东方世界发生接触)，像一种健康的时尚传遍整个大陆。[①] 商业活动分别从北面和南面向内地发展，最后会合在一起，在从布鲁日到威尼斯的天然道路的中点——香巴尼平原——取得接触。自12世纪起在那里建立起特鲁瓦、拉尼、普罗万和奥布河畔巴尔等著名的市集，这些市集直到13世纪末在中世纪的欧洲起着交易所和票据交换所的作用。

① 从12世纪起，由于佩切涅格人毁灭了俄罗斯南部的商业城市并且封锁了联结黑海和波罗的海的道路，欧洲北部同东方的联系就只有通过意大利的航运而得以保持。从那时起所确立的局面，是罗马帝国时期所存在的局面的部分再现，具有意义极为重大的经济后果。但是我们不必在这里谈这个问题，因为这是城市形成时期以后的事情。

第五章 商人

由于资料缺乏,不可能足够确切地阐述商人阶级是如何形成的,在谈到起源问题时几乎总是这样。我们刚刚概述了商业活动的开端,是商人阶级促使商业活动出现并传遍西部欧洲的。

在某些地区,商业看来是一种原始的和自发的现象。例如,希腊和斯堪的纳维亚从历史黎明时期起情况就是如此。在那里航海至少和农业一样历史悠久。所有一切都促使人们去从事航海:海岸呈深深的齿形,港湾的众多以及在地平线上隐约可见的岛屿或海岸的吸引力。因为家乡的土地贫瘠,那些地方更是激励人们去海上冒险。加之,由于靠近较为古老而防卫不足的文明地区,因此可以抢劫致富。海盗行径是海上贸易的先导。对于荷马时代的希腊航海者来说,也正如诺曼海盗一样,在长时期内,这两种行业的发展是并行不悖的。

应该说,在中世纪不存在这种现象。找不到这种英勇而野蛮的买卖的痕迹。5 世纪时入侵罗马各省的日耳曼人对于海上生活完全外行。他们满足于把土地占为己有,因而地中海的航运和过去一样继续起着帝国时期归它起的作用。

穆斯林的入侵造成帝国的覆灭并且关闭了地中海,但未产生反应。人们接受了既成事实,欧洲大陆失去了传统的出路,长期囿于基本上以农村为基础的文明。犹太人、小贩和临时性的商人在加洛林时代进行的零星买卖太微不足道，而且为诺曼人和萨拉森人的入侵所彻底消灭，所以无法把这种零星买卖当作商业复兴的先兆，商业复兴的最初征候是在 10 世纪时突然出现的。

我们可以假定商人阶级是从农业人口中逐渐形成的吗？乍看起来这样假定似乎是很自然的，但是没有什么根据可以使人相信这种论点。在中世纪早期家家户户、世世代代依附于土地的那种社会组织中，看不出有什么因素可能促使人们用依靠占有土地享有的稳当生活去换取碰运气不稳定的商人生活。而且，在同外界没有接触因而习惯于一种传统生活方式的人们中间，利欲和改善生活条件的愿望必然表现得非常之少，没有什么新颖奇异的东西激励他们，而他们又或许完全没有首创精神。虽然农民常去城镇和城堡的小市场，但是他们从市场上赚到的钱太少，不可能激起他们想要依靠做生意过活的愿望，甚至他们想不到还可能有这样一种生活方式。他们之中肯定谁也不会想到卖掉土地换取现金。社会状态和风俗习尚顽强地反对这种做法。再说也没有丝毫证据可以说明有人想到去干一种既奇怪又冒险的事情。

某些历史学家力图将大修道院的仆役说成是中世纪商人的鼻祖，他们负责从院外采办生活必需品，有时或许也到附近市场去出售院里的剩余收获物和葡萄汁。这种假设虽然独出心裁，但是经不起推敲。首先，“修道院商人”为数太少，不足以产生具有某些意义的影响。再者，他们不是独立自主的商人，而是专为他们的主人服务的雇工。看不出来他们是为自己牟利而做生意。企图在他们和我们正在这里探索其起源的商人阶级之间建立一脉相承的关系，过去没有成功，将来肯定也绝不会成功。

可以确实断言，在还没有任何东西预见西部欧洲会有商业传播的时期，经商这种职业出现在威尼斯 。卡西奥多罗斯在6世纪时已经描写威尼斯人是水手和商人的民族。我们确知，在9世纪时该城已经积累了非常巨大的财富。而且，威尼斯从那时起与加洛林皇帝们或拜占庭皇帝们签订的商约，使人们对该城居民的生活方式没有怀疑的余地。遗憾的是，我们没有关于他们积累资本和经营商业的方式的资料。非常可能，在环礁湖的小岛上炼制的盐很早就是有利可图的出口产品。沿亚得里亚海海岸进行的沿海贸易，特别是与君士坦丁堡的关系，使该城获得更大的利润。人们大为惊异地看到，从10世纪起威尼斯人的经商技能已经达到多么完善的地步。[①] 当欧洲其他各地教育为教士所全部垄断的时候，在威尼斯能写会算的人很多，这种稀奇的现象不可能与商业的发展无关。

我们还可以推测，而且可能性极大，借贷在很早的时候就有助于使商业的发展达到它所达到的程度。确实我们在这方面没有11世纪初期以前的资料。但是在11世纪初期海商贷款的风气似已非常盛行，所以贷款的起源必定早得多。

威尼斯商人向资本家借贷为采购船上货物所需的资金，利率一般高达百分之二十。一艘船由几个共同行动的商人装货。由于

① R.海南:《威尼斯资本主义的产生》,第81页。

航海的危险性，海上远航队由包括几艘船只的船队组成，船上配备人数众多武器精良的海员。[①] 所有一切都表明利润是非常之大的。在这方面威尼斯的文献几乎没有给我们提供确切的情况，然而我们可以利用热那亚的资料来弥补威尼斯的文献的空白。在12世纪，这两个城市的海商贷款、船舶装备和经商方法都是彼此一样的。[②] 因此我们所知道的有关热那亚海员获得巨额利润的情况，对于他们的威尼斯先驱来说一定是适合的。关于这方面的情况我们知道得不少，因此可以断言：商业，也只有商业，使得这两个地方的那些富有精力和才智的人们，遇上好机会而获得大量的资本。[③]

但是威尼斯商人如此既快又早地致富的秘密，无疑在于把他们的商业组织与拜占庭的商业组织联系起来，并且通过拜占庭与古典时代的商业组织联系起来的那种紧密的亲族关系。实际上仅就地理位置而言威尼斯属于西部地区；就它所过的生活和鼓舞它的精神而言，它是这个地区的异邦。环礁湖的第一批移民，即来自阿奎莱亚及其附近城镇的逃亡者们，将罗马世界的经济技术和工具带到那里。从那时起一直把该城与拜占庭意大利以及君士坦丁堡联系起来的那种经常不断和日益活跃的来往，保护和发展了这个聚宝盆。总之，在威尼斯和保存着千年文明传统的东部地区之

① R.海南：《威尼斯资本主义的产生》，第65页。

② 尤金-H.伯恩：《十二世纪热那亚人在和叙利亚通商中所订之商约》（《经济季刊》，1916年，第128页）；《十二世纪热那亚人和叙利亚的贸易》（《美国历史评论》，1920年，第191页）。

③ R.海南：《威尼斯资本主义的产生》，第18页；H.西韦金：《中古意大利诸国资本主义的发展》（《社会和经济史季刊》，1909年，第15页）。

间从未失去联系。我们可以认为，威尼斯的航海家们是我们已经见过的那些直到穆斯林入侵以前非常活跃地经常出入马赛港和第勒尼安海的叙利亚航海家们的继承者。他们不需要经过长期而痛苦的学徒期就可以学会进行国际贸易。在他们的身上从未丢掉商业的传统，这就足以解释为什么他们在西部欧洲的经济史上占有独特的地位。我们不可能不做出这样的推测：古典时代的商业法律和惯例是他们在西部欧洲表现出优越性并且处于领先地位的原因。[①] 通过详细的研究，有朝一日或许会证明我们在这里提出的论点。毋庸置疑，在头几个世纪威尼斯政治结构中如此引人注目的拜占庭影响，也孕育了威尼斯的经济结构。在欧洲的其他地方经商这项职业是从商业的痕迹早已完全消失的一种文明中缓慢地挣脱出来的。在威尼斯，商业与城市本身同时出现；在那里商业是罗马世界的幸存物。

威尼斯肯定对 11 世纪时开始发展起来的其他沿海城市有深刻的影响，首先是对比萨和热那亚，随后是对马赛和巴塞罗那。有了商人阶级，商业活动才逐步由海岸向大陆内地传播，但是威尼斯似乎在商人阶级的形成方面未起作用。在这方面，我们面对着一种完全不同的现象，没有什么东西能使这种现象与古典时代的经济组织联系起来。或许威尼斯商人早期到过伦巴第和阿尔卑斯山以北。但是没有发现他们在任何地方建立过移民地。陆地商业的条件毕竟与海上商业的条件差别太大，我们不能主观认为威

① 关于威尼斯法律的罗马性，参阅 L. 戈尔德施密特：《商业法手册》，第 1 卷，第 150 页，注 26(斯图加特，1891 年)。

尼斯商人在这方面也有影响，而且也没有文献表明这种影响的存在。

10世纪时在西部欧洲重新形成一个专业商人的阶级，它的发展开始时非常缓慢，在下一个世纪随着时间的推移发展逐步增快。[①] 在这同一时期人口开始增加，肯定与这种现象有直接的关系。人口增长确实使得越来越多的人离开土地，去过流浪和冒险的生活，在所有农业文明的社会中，这种生活是那些再也无法在土地上安身的人们的命运。人口增加使得社会上到处流浪的游民群众增多，他们天天靠修道院的施舍过活，收获时节去当雇工，打起仗来受雇当兵，遇到机会就毫不踌躇地进行抢劫。毋庸置疑，第一批做生意的行家就出现在这批流浪者和冒险家之中。他们的生活方式自然地驱使他们去到那些人烟稠密可以有希望获得某种利益或机遇的地方。如果他们经常去各个圣地，肯定地同样会被各个港口、市场和市集所吸引。在那些地方他们受雇去当水手、拉纤人、装卸工或搬运夫。他们之中一定有很多精力充沛的人，受过充满意外的生活经历的锻炼。很多人懂得外语，熟悉各国的风俗和需要。[②] 如果碰到好机会——我们知道，在一个流浪者的生活中机会是很多的——他们非常擅长于利用这些机会。只要聪明机灵，小利能够变成大利。特别是在一个交通不便和供消费用的商

① H.皮雷纳：《资本主义的社会史的各时期》(《比利时皇家学院通报·文科类》，1914年，第258页)。

② 《圣非狄斯的奇迹》(A.布耶校注，第63页)关于一个商人说道："如同所有在世界各地奔波的商人一样，他熟悉陆海大道、公路支线、偏僻小径以及各民族的法律、风俗和语言。"

品相对稀少因而必然保持物价高昂的时代，情况定然如此。由于交通不便，饥荒在全欧洲蔓延，有时在这个省有时在那个省，这给那些善于利用机会的人更加增添了发财致富的机会。[①] 几袋小麦在适当的时候运到适当的地点，就足以获得巨额利润。因此，对于一个机灵和不怕吃苦的人来说，只要红运高照就有利可图。可以肯定，不久之后这些在世间流浪的无业游民的贫苦群众之中出现了新的富豪。

幸好有一些资料可以证明事实正是如此。这里只要引用其中最有代表性的芬查尔的圣戈德里基传也就足以说明问题了。[②]

他于 11 世纪末出生在林肯郡的一个贫苦农民的家庭，在孩童时代就得想方设法自己谋生。如同各个时代的很多其他不幸的人一样，他在海滩上流浪，注意着浪潮冲上来的沉船的残骸。以后或许由于幸运地找到了什么东西，他临时做起流动商贩来了，背着不值钱的小商品走遍全国各地。久而久之，他积攒了几个钱。有一天他加入了在旅途上遇见的一支商队。他跟着这支商队从市场到市场，从市集到市集，从城市到城市。他就这样变成了一个职业的商人，很快赚得了相当多的钱，可以和同伴们合伙，共同装载一艘船只，沿着英格兰、苏格兰、丹麦和佛兰德尔海岸从事沿海贸易。他们的合伙组织万事如意，兴旺发达。它的业务就是把听说国外

① F. 库尔施曼：《中古的饥荒》(莱比锡，1900 年)。

② 《芬查尔的隐修士圣戈德里基的生平和奇迹》，作者杜涅尔门西的隐修士雷吉那尔多，斯蒂芬森校注(伦敦，1845 年)。这份文献资料对于经济史的重要性，W. 福格尔在《1100 年的一名漂洋过海的商人》〔《汉萨历史杂志》，第 12 卷(1912 年)，第 239 页〕一文中做了很好的阐述。

紧俏的货物运到国外，再从那里贩回商品，注意卖到最需要这些商品因而可以获得最大利润的地方。几年以后，这种贱买贵卖的精明手法使戈德里基成为富豪。就在这时，他受了神的感化，突然舍弃了原来所过的生活，把财产交给穷人，自己去当了隐修的修道士。

圣戈德里基的故事，如果去掉神秘的结局，也就是许许多多其他人的故事。这个故事极为清楚地告诉我们，一个起先一无所有的人，如何得以在一段相当短的时间内积累起大量的资金。环境和机会或许对他的发财致富起了很大的作用。但是，他成功的基本原因是才智，或者更确切地说是商业意识。我们所讲述的这本当时人写的传记的作者，在书中很多地方强调了这一点。[①] 在我们看来，圣戈德里基是一个老谋深算的人，天赋有在各个时代具有进取精神的人身上并不少见的那种商业本能。追求利润的思想指导着他的一切行动，在他的身上可以明显地看出那种著名的“资本主义的精神”，可是有人要我们相信这种精神仅仅始于文艺复兴时代。如果有人说圣戈德里基经营商业仅仅在于满足他自己日常生活的需要，那是不可能拿出根据来的。他不是将赚来的钱深藏在箱底，而只是用来维持和扩大他的买卖。不妨用一句过于现代的话来说，他获得的利润陆续用来增加他的流动资本。看到这位未来的修士的良心完全不受宗教道德的约束，简直令人惊异。他费

① “就是这样平凡地在家中度过了童年的岁月。稍长，开始探索一条比较明智的生活道路，且专心致志攻读世俗知识之书。因此他没有选择务农之业，而努力掌握和实践为培养机敏所应有的基础才学。故而又研究商人竞争之术，开始从事经商。起初小本薄利，以后逐渐发挥其少年的才智赚取巨额的利润。”（《芬查尔的隐修士圣戈德里基的生平和奇迹》，第25页）。

尽心机为每件商品寻找能赚取最大利润的市场，是明目张胆地违抗教会对各种投机倒把所持的谴责态度以及“公平价格”的经济学说的。①

圣戈德里基致富的原因不仅在于经商技巧。在一个仍像11世纪时一样野蛮的社会里，个人的创造性只有依靠联合才能成功。太多的危险威胁着这位商人的漫游生涯，不能不使他感到首先需要联合起来进行自卫。也还有另外的原因促使他同他的伙伴们联合起来。在市集和市场上如果发生争端，他可以在他们中间找到在法庭上为他辩护的证人或保人。与他们合作，他就可以大批买进依靠他个人的财力所无法买进的商品。有了他所参加的集体的信誉，他个人的信誉得以提高。由于这个集体，他在与敌手的竞争中可以比较容易地占上风。圣戈德里基传的作者说得很恰当，他告诉我们：他的主人公自与一支流动商人的商队合伙之日起，他的生意就突飞猛进。他这样做只不过是按照习惯。中世纪早期的商业只有在以商队为其特殊表现的那种原始形式下产生。只是由于商队在其成员间建立的相互保证、商队规定给他们的纪律、商队使他们服从的规章，商业才有可能进行。无论海上贸易或者陆地贸易，都是同样的情景。船舶只有结成队才航行，同样商人只有结成帮才周游各地。只有以武力保证安全才有他们的安全，而武力是联合起来的结果。

如果认为商人合伙组织（从10世纪起就可以发现合伙组织的

① “收购货物原样加利转卖出去的人，是从主的圣殿里赶走的商人。”（《通谕》，第1卷，第88类，第11章）。关于教会对商业的观点，见F.绍布：《中古反对高利贷、不公平的价格和贪婪自私的商业的斗争》（布赖斯高地区弗赖堡，1905年）。

迹象)是德意志独有的现象,那是完全错误的。确实,在欧洲北部用来表示合伙组织的专门名词——基尔特(gild)和汉萨(hanse)——源于德语。但是这种合伙的做法在各地经济生活中都可以见到,尽管在细节方面因地而异,但在基本方面各地相同,因为各地同样存在着必须实行合伙的环境。在意大利如同在尼德兰一样,商业传播靠的是相互帮助。罗曼语各国的“同乐会”(frairies)、“互济会”(charités)和商人“协会”(compagnies)正好是德语地区的基尔特和汉萨的相似词。[①] 对经济组织起决定性影响的不是“民族的特性”,而是社会的需要。商业的早期组织如同封建制度的早期组织一样是世界性的。

从 10 世纪起在西部欧洲出现越来越多的商队,根据原始资料我们可以对这些商队形成一个确切的概念。[②] 应该想像得出,商队是武装的马帮,队员佩带弓剑,环护着负载袋子、包裹和木桶的马匹和货车。一名掌旗人走在商队的前头。一名首领(汉萨伯爵或长老)统率商队。商队由“兄弟们”组成,忠诚誓盟把他们彼此约束在一起。紧密团结的精神鼓舞着整个商队。一切迹象表明,商品是同买同卖,利润是根据各人在合伙组织中股份的多少按比例分配。

看来这些商队一般来说是长途跋涉的。如果认为这个时期的商业只是一种地方性的商业,狭隘地局限在一个地区市场范围之

① 甚至在达尔马提亚也有相似的组织。见 C. 伊雷策克:《拉古察在中古商业史上的重要性》(《维也纳科学院年刊》,1899 年,第 382 页)。

② W. 施泰因:《汉萨》〔《汉萨历史杂志》,第 15 卷(1909 年),第 539 页〕;H. 皮雷纳:《伦敦的佛兰德尔的汉萨》(《比利时皇家学院通报·文科类》,1899 年,第 80 页)。

内,那是大错特错的。我们已经看到,意大利商人远至巴黎和佛兰德尔。在10世纪末,伦敦港有科隆、于伊、迪南、佛兰德尔和鲁昂的商人常来常往。有一件文献资料谈到与西班牙做生意的凡尔登人。[①] 在塞纳河流域,水路商人的巴黎汉萨与鲁昂保持着经常的联系。圣戈德里基传的作者向我们讲述圣戈德里基远行至波罗的海和北海,也就同时告诉我们他的伙伴们也是远涉重洋的。

因此,国际贸易,如果用一个更确切的词来说就是远距离的贸易,是中世纪经济复兴的特征。正如威尼斯和阿马尔菲的航海事业以及后来比萨和热那亚的航海事业从一开始就大胆从事远洋航行一样,大陆的商人也在广阔的空间过着他们的漂泊生活。[②] 这是他们获得巨额利润的惟一方法。为了卖得高价,必须到远方去寻找货源充足的产品,俾能随后在该产品短缺价格上涨的地方高利出售。商人走得愈远,愈是有利可图。因而我们易于理解,利益的引诱是多么地强烈,足以抵消漂泊不定、听天由命的生活的劳累和危险。除了冬天以外,中世纪的商人终年在旅途之中。12世纪的英国文献生动地称他们为"灰尘脚板"(pedespulverosi)。[③]

这些流浪者,这些经商的游民,他们奇特的生活方式必定从一开始就使农业社会感到惊讶,他们与这个社会的一切习惯相

① 皮热奥诺:《法国商业史》,第1卷,第104页。

② 见本书第73页注2所引用之文献资料,并请增加H.皮雷纳校注的布鲁日的加尔贝的著作第152页中如实地表达了布鲁日人对于诺曼底的威廉伯爵的不满的下述段落:"他把我们关在这个地方不能经商。反之,至今我们把所有的一切,无利润、无交易、毫无所得地耗费掉了。"

③ Ch.格罗斯:《灰尘脚板的法庭》(《经济季刊》,1906年,第231页)。这说的是"外地的商人或其他路经该国的旅客,无固定住处,往来流动,就叫做灰尘脚板"。

抵触，在这个社会中没有他们的地位。他们在附着于土地的人们中间引起了波澜；他们向一个忠于传统和尊重把每个阶级的作用和地位固定起来的等级制度的社会，显示出一种老谋深算和理性主义的活动，因为有了这种活动，财富就取决于人的才智和精力，而不是用人的社会地位来衡量。他们引起公愤，也是不足为奇的。对于这些不知从何而来的暴发户，贵族向来只给以蔑视。他们的财富太惹人注目，贵族不能容忍。眼见他们的钱财多于自己，贵族勃然大怒；在窘困之时不得不向这些新富豪的钱囊求助，贵族感到屈辱。经商是降低身份，这种偏见直到旧制度[①]结束以前在贵族中是根深蒂固的，只有意大利的情况不同，那里的贵胄家族毫不犹豫地以放债人的身份关心商业活动，从而增加了他们的财富。

至于教士，他们对商人的态度更加不好。在教会的心目中，商业生活对于拯救灵魂是危险的。圣杰罗姆写的一部著作中说："商人难以取悦上帝。"在教规学者看来，商业似乎是高利贷的一种形式。他们谴责营利，把营利与贪婪混为一谈。他们的"公平价格"学说想要迫使人们放弃经济生活，简言之，迫使人们信奉与经济生活的自然发展不相容的禁欲主义。任何一种投机在他们看来都是罪孽。这种严峻的态度并非仅仅由于对基督教道德观念的严格解释，很可能也是由于教会的生存环境。教会的生活事实上完全依赖于领地组织，前面我们已经谈到，这种领地组织与经商牟利的思想毫不相干。如果再考虑到克吕尼的神秘主义赋予宗教虔诚的安

① 旧制度指法国大革命以前的社会制度。——译者

贫思想，就不难理解教会对商业复兴所采取的挑战和敌对态度，因为商业复兴对教会来说是一件令人气愤和忧虑的东西。[①]

然而，必须承认，这种态度并非没有好处，结果肯定阻止了利欲无限制地发展，在一定程度上保护了穷人限制了富人，保护了借债人限制了放债人。在古希腊和罗马时代非常沉重地压在人民身上的债务灾祸，中世纪的社会得以避免；可以认为这种好的结果主要应归功于教会。教会所享有的普遍的威信起了道德马衔的作用。尽管这种威信还没有强大到足以使商人服从"公平价格"的理论，但是却足以阻止他们问心无愧地耽于利欲。许多人肯定担心他们的生活方式有使灵魂得不到拯救的危险。忧虑来世折磨着他们的良心。许多人在弥留之际立下遗嘱，建立慈善机构或者拨出一部分财产以退还所得的不义之财。圣戈德里基的感化人的结局说明在他们的灵魂中一定经常进行着不可抗拒的财富诱惑和严峻的宗教道德规定之间的冲突，尽管他们崇敬宗教道德，但是他们的职业使他们不断地违犯宗教道德。[②]

商人的法律地位最终使他们在那个他们在许多方面使之惊讶的社会中处于完全与众不同的位置。正是由于他们过着流浪生活，所以他们到处被视为外乡人。无人知道这些长年旅行者的出

① "安德莱赫特的圣吉东的生平"(《圣徒传之七》，第4卷，第42页)谈到卑鄙的经商并且将劝该圣徒经商的一名商人称之为魔鬼的奴仆。

② 同一时期的《特奥格里生平》(《德意志历史文献·著述》，第12卷，第457页)给我们提供了一个商人转变的例子，和圣戈德里基的转变非常类似。还见《康布雷主教言行录》(Ch.德·斯梅特校注，巴黎，1880年)中商人弗兰博尔德的故事，此人在建立巨产之后，放弃了家财，作为苦行者了其一生。

身。肯定他们之中大部分人的父母是非自由民，他们很早就离开父母铤而走险。但是奴隶身份不能推定，而要证明。凡是法律不能确定其主人的人，法律必须以自由人对待之。因此出现这样的情况：必须把商人看作是一直享有自由的人，尽管他们之中许多人或许是农奴的儿子。由于离开了乡土，他们事实上自行获得了解放。在一个人民依附于土地、每人隶属于一个领主的社会组织中，他们周游各地，不属于任何人，显得与众不同。他们并不要求自由，自由却给予了他们，因为不可能证明他们不曾享有自由。可以说他们根据惯例和时效[①]而获得自由。简言之，正如农业文明使农民成为通常处于奴隶地位的人一样，商业使商人成为通常享有自由身份的人。从此以往，他们只服从政府的审判权，而不服从领主和领地的审判权。有权审讯他们的只有凌驾于大量私人法庭之上、仍然保留着法兰克王国司法组织的老架子的法院。[②]

同时政府也将商人置于保护之下。地方王侯必须维护本伯爵领地内的社会治安和秩序，沿公路设警和保护行旅正是职责攸关，所以他们把保护范围扩及到商人。他们这样做只不过是继承了被他们篡夺了权力的那个国家的传统。查理大帝已经注意保持他的农业帝国的交通不受阻碍。他颁布过有利于犹太人的或基督教的香客和商人的措施，而且他的继承者们的敕令证明他们一直忠于这项政策。萨克森王室的皇帝们在德意志未曾另行其事，法兰西

① 时效(prescription)，法律用语，指在一定时间内继续占有他人所有物因而取得该物所有权的制度。——译者

② H.皮雷纳：《中世纪城市制度的起源》〔《历史评论》，第57卷(1895年)，第18页〕。

的国王们掌权以后也是照章办理。而且王侯们非常注意把商人吸引到他们的国家,商人使那里重新活跃起来,并且大大增加商品通行税卡的收入。我们发现,伯爵们很早就采取有力措施打击匪徒,注意维护市集的良好秩序和交通线的安全。11 世纪时取得巨大的进步,史家称有些地区一个人可以背着满满一袋金子旅行而没有被抢劫的危险。就教会方面来说,它以开除教籍惩治拦路抢劫的强盗,而且它在 10 世纪末创导的上帝的和平尤其保护了商人。

但是,把商人置于政府的保护和审判权之下是不够的。他们职业的新颖性还要求根据以农业为基础的文明制定的法律变得比较灵活,适应于这种新颖性向法律提出的基本要求。司法程序中僵化的和传统的形式主义,延误时日,和裁判决斗①一样原始的证明方法,免诉宣誓的流弊,全凭偶然性判决的"神意裁判"等等,对于商人来说是无休止的折磨。他们需要一种比较简便、比较迅速和比较公平的法律。在市集和市场上,他们之间制定了一种商业习惯法(jus mercatorum),最早的记载见于 10 世纪。② 极为可能,在司法实践中很早就采用了这种习惯法,至少是用于解决商人之间的诉讼。这种习惯法必定成为用于商人的一种私法,因为法官没有理由不承认它的好处。③ 遗憾的是提到这种习惯法的文献没

① 裁判决斗,意为由原告和被告决斗,作为裁判的证据。——译者

② H. 皮雷纳:《中世纪城市制度的起源》,第 30 页;戈尔德施密特:《世界商业法史》,第 125 页。——《巴塞罗那的习惯法》(1064 年)提到一种适用于外国人的简便的法律。无疑这些外国人是商人。参阅 F. 绍布:《中世纪反对高利贷、不公平的价格和贪婪自私的商业的斗争》,第 103 页。

③ 阿尔佩尔特:《论时代之差异》(《德意志历史文献·著述》,第 4 卷,第 718 页)谈到蒂埃尔的商人:"裁判不按法律,而只凭裁判人的意志。"

有把它的内容告诉我们。毋庸置疑,它是从商务活动中产生的惯例的汇编,随着商务活动的扩大而逐渐传开。那些各国商人定期聚集而且我们知道设有负责快速审判的特别法庭的大市集,无疑从一开始就集成了一种商业判例汇编,尽管国别、语言以及国家的法律有所不同,这种判例汇编实质上在各地都一样。

这样,商人看来不仅是自由人而且是享有特权的人。像教士和贵族一样,他们享有特别法,摆脱了仍然压在农民身上的领地权力和领主权力。

第六章　城市和市民阶级的形成

在任何一种文明中，城市生活的发展都必须依靠工商业。气候、民族和宗教的差异，与时代的不同一样，对于这一事实来说是无关紧要的。过去埃及、巴比伦、希腊、罗马帝国或阿拉伯帝国的城市是这种情况，今天欧洲、美洲、印度、日本或中国的城市也是这种情况。这种情况的普遍性的原因在于必要性。城市事实上只有从外面进口食物才能生活。另一方面必须出口对等的或曰等价的工业产品，以与进口相适应。于是在城市与其附近地区之间建立起一种经常性的互相帮助的关系。商业和工业对于维持这种相互依存的关系是必不可少的：如果没有进口保证生活必需品的供应，没有出口用交换品抵偿进口，城市就要灭亡。[①]

这种情况显然包括着许许多多的细微差别。商业活动和工业活动在城市居民中所占优势的大小因时因地而异。在古典时代，很大一部分城市居民是土地所有者，他们的生活或者依靠耕种他们在城外拥有的土地，或者依靠这些土地的收益，这一点为众所周知。然而下面说的同样确实：随着城市的扩大，工匠和商人越来越

① 自然只有处于正常情况下的城市才是如此。国家常常不得不供应那些人口过多无法自给的城市。例如，从共和国末期起罗马的情况就是如此。但是罗马人口的增加是政治的原因而不是经济的原因所造成的。

多。比城市经济较为古老的农村经济，继续与城市经济同时存在；农村经济并不阻碍城市经济的发展。

中世纪的城市呈现出一幅非常不同的景象。商业和工业使城市成为当时的样子。城市在商业和工业的影响下不断成长起来。没有哪个时代有过像中世纪城市的社会、经济组织与农村的社会、经济组织之间那样鲜明的差别。看来以前从未有过像中世纪市民阶级那样的一个特别的和狭隘的城市人的阶级。①

中世纪城市的起源与前几章中谈及的商业复兴直接有关，前者是果后者是因，这是毋庸置疑的。商业的扩张和城市运动的发展非常明显地协调一致就是证明。商业发轫的意大利和尼德兰正是城市最先出现而且最迅速最茁壮地成长的国家。显而易见，商业愈发展，城市愈增多。城市沿着商业传播所经过的一切天然道路出现。可以说，城市的诞生和商业的传播亦步亦趋。开始时城市仅仅出现在海边和河岸。而后，商业渗透的面扩大，另外一些城市沿着联系这些最早的商业活动中心的横断道路建立起来。尼德兰的例子在这方面是很典型的。从 10 世纪起最早的城市开始在海边或默兹河和埃斯科河沿岸建立起来，两河中间的布拉邦特地区当时还没有城市。直到 12 世纪，城市才沿着修筑在那两条大河之间的道路出现。到处都可以看到类似的情况。一幅比较着重标出商路的欧洲地图会与一幅比较着重标出城市的欧洲地图大致相

① 肯定在中世纪稍晚的时候有很多地方具有城市的名称，享有城市的特许权，然而其居民却更多地从事农业而不是从事商业或工业。但是这些城市是以后的时期形成的。我在这里所指的市民阶级，它一开始形成就处于城市生活动力中心的地位，而且一直处于这种地位。

吻合。

或许中世纪的城市形形色色。每座城市都有各自的外形和特征。城市与城市之不同正如人与人之各异。然而我们可以根据某些一般的典型把城市分为若干类别。这些典型在基本特征方面彼此相似。因此并非毫无可能描绘西部欧洲城市生活的演进过程，我们将在这里试图做到这一点。这样描绘出来的图画必然过于简单，不会完全符合各种具体的情况。这里只是找出共性的东西，即各种个性的概括。仅仅出现一个大的轮廓，恰如从山顶上看到的景色。

然而这个问题并非像乍看起来那样复杂。确实没有必要在一篇关于欧洲城市起源的文章中，考虑各个城市表现出的千差万别。城市生活最先仅在意大利北部和尼德兰及其附近地区为数相当有限的地方发展起来。我们只限于研究这些最初的城市也就够了，不必去管以后的城市形成情况，无论这些情况多么值得注意，总而言之只是重复的现象。[①] 在下文中还将优先谈到尼德兰。这是因为该国比西部欧洲其他任何地区向历史学家提供了更为丰富的有关城市演进初期的情况。

我们在前一章所努力描述的那种中世纪的商业组织，使其赖以存在的旅游商人必须定居在固定的地点。在两次旅行当中的间

① 对于研究城市制度的起源来说，最重要的城市显然是最老的城市，市民阶级正是在那里形成的。力图依据后来较晚形成的城市（如莱茵河那边的德意志的城市）来解释城市制度的起源，那是一种错误的方法。从后来较晚形成的城市寻找城市制度的起源，正如从“耶路撒冷会议”（十字军占领耶路撒冷后在该城举行会议，确定把西欧封建统治制度强加于东方。——译者）寻找封建制度的起源一样不可能。

隙，特别是在海道、江河和公路不能通行的气候恶劣的季节，他们必然要聚集在某些地点。自然最先集中在那些交通便利，同时又能保证钱财和货物安全的地方。因此，他们去到最符合这些条件的城镇和城堡。

总之，这样的城镇和城堡为数很多。城镇的位置原取决于地形或河流走向，一句话，取决于自然环境，正是这一点决定商业发展的方向，因而把商人引向城镇。至于城堡，原是为着抵御敌人或供居民避难之用，自然不会不建在交通特别方便的地方。商人走的正是侵略者走过的路，结果是建来抵御侵略者的堡垒极其适合于把商人吸引到它们的墙垣跟前。于是出现这样的情况：最初的商人聚居地形成在那些大自然预先安排成为——或重新成为——经济流通中心的地方。[①]

有人可能会相信，而且有些历史学家确已相信，从 9 世纪起大量建立的市场(mercatus, mercata)是这些最早的商人聚居地形成的原因。尽管这种说法乍听起来似乎迷惑人，但是经不起推敲。加洛林时代的市场是简单的地方市场，常去的是附近的农民和少数的小贩。市场的惟一目的是供应城镇和城堡的生活必需品。这些市场每周只开市一次，其交易限于满足为数极少的居民的家庭需要，市场是为居民而建立的。这类市场一直存在，而且今天在成千上万的小城市和村庄中依然存在。它们没有那么强大的和广泛的吸引力足以把商业人口吸引到它们周围定居。而且我们知道，

① H. 皮雷纳：《中世纪城市制度的起源》〔《历史杂志》，第 57 卷(1895 年)，第 68 页〕。

许多地方虽然有这类市场，但是从未上升到城市的地位。例如康布雷的主教和雷舍诺的修道院院长所建的市场就是这样，一个于1001年建于康布雷锡堡，另一个于1100年建于拉多尔夫泽尔。然而康布雷锡堡和拉多尔夫泽尔始终只是无足轻重的地方，使之成为城市的企图失败了，这正好表明这些市场缺少有时人们喜欢赋予它们的那种影响力。①

市集(fora)可以说是同样的情况，然而市集与市场不同，市集建来作为职业商人定期聚会的地点，使他们彼此接触，使他们在规定的时期汇合到那里。事实上许多市集的重要性非常之大。佛兰德尔的图鲁和梅西纳的市集以及法兰西的奥布河畔巴尔和拉尼的市集，直到接近13世纪末始终位于中世纪的主要商业中心之列。这些地方没有一个成为名副其实的城市，因此这一点乍看起来似乎很奇怪。这是因为这些地方的商业活动缺乏为坐商所必不可少的那种经常性。商人去到这些地方是因其位于从北海到伦巴第的国际干线上，而且因为地方王侯授予这些地方以特许权和特惠权。这些地方是来自南北的买主和卖主的聚集地点和交换场所；几个星期以后这些外来的顾客各奔东西，要到下一年再回来。

或许会出现这样的情况，实际上也常常出现这样的情况：市集就设在形成商人聚居地的地方。例如里尔、伊普雷、特鲁瓦等地就是这样。市集肯定促进了这些城市的发展，但是不可以认为市集引起这些城市的发展。举出几个大城市就可以轻易地证明这一

---

① H.皮雷纳：《中世纪的城市、市场和商人》〔《历史杂志》，第67卷(1898年)，第59页〕；F.科伊特根：《德意志城市制度的起源的研究》(莱比锡，1895年)；S.里切尔：《市场与城市之间的法律关系》(莱比锡，1897年)。

点。沃尔姆斯、施佩耶尔和美因兹从来不是市集的所在地；图尔内在 1284 年才有一个市集，莱顿到 1304 年，根特到 15 世纪才有一个市集。[①]

因此事实依然是：地理位置加上存在一个城镇或者一个筑有工事的城堡，看来是商人定居地的基本的和必要的条件。这种商人定居地的形成丝毫不是人为的。商业生活的第一位的需要——交通方便和安全——可以非常合乎情理地解释清楚这一点。在一个比较先进的时代，技术使得人们可以征服自然，尽管有气候或土壤方面的不利条件，人们也可以强行生存下去，这时或许可以根据急功近利的思想在任何地方选定城市的位置。但是当社会还没有足够的力量从自然环境中解放出来的时候，那就完全是另外一回事了。因为社会不得不适应自然环境，所以社会必须按照自然环境安排人们居住的地方。中世纪城市的形成几乎是一种显然由地理环境和社会环境所决定的现象，正如河流是由山脉形态和山谷走向所决定的一样。[②]

随着从 10 世纪起欧洲商业复兴的速度加快，建立在城镇之内或城堡脚下的商人定居地不断扩大。那里的人口随着经济的发展而增加。从一开始那里就表现出来的人口上升趋势，一直不间断地持续到 13 世纪末。事情不可能是另外的样子。每一个国际转口的交通枢纽自然促进了人口的增加，商人增多的结果必然导致所有商人最先定居的地方的商人人数增加。因为这些地方恰好最

① H. 皮雷纳：《中世纪城市制度的起源》，第 66 页。

② 只有地理环境是不够的。关于夸大地理环境的作用，见 L. 费弗尔：《大地和人类的进化》，第 411 页往下（巴黎，1922 年）。

有利于商业生活。其所以比其他地方更早地吸引商人,是因为更加适合商人的职业需要。就这样,下述事实可以得到最为满意的解释:在一般情况下,一个地区最大的商业城市也是最老的商业城市。

关于最早的商人聚居地我们所占有的资料远远不能满足我们的好奇心。10 和 11 世纪的史书完全不注意社会和经济现象。因为史书专属神甫或修士编纂,自然根据对教会的重要性如何来权衡事件的重要性。世俗社会引不起他们的注意,除非关系到宗教社会。他们不可能忽视对教会有影响的战争和政治斗争的记述,但是他们怎么会留心写下他们既缺乏了解也缺乏同情的城市生活的起源呢?[①] 偶尔透露出的一点隐隐约约的情况,在谈到一次骚乱或一次暴动时所做的片言只语的评注,历史学家几乎总是不得不满足于这点资料。必须到 12 世纪时才能从这里或那里参与著述的某个罕见的在俗教徒处找到稍微丰富一点的材料。特许状和册据在一定程度上可以弥补资料之不足,然而起源时期的特许状和册据非常稀少,从 11 世纪末期起,特许状和册据才开始提供稍微丰富一点的情况。至于城市的原始资料(就是说由市民写或编的),12 世纪末期以前的一无所有。因此,虽然有一点资料,但仍然有许多东西无从得知,在引人入胜的城市起源问题的研究中,不得不常常借助于推理和假设。

关于城镇居民增加的详细情况,我们缺少资料。我们不知道

---

① 例如,编年史者奥尔瓦的吉尔在提到 1061 年列日的主教授给于伊城特许权时指出了几点,但是"为了不使读者厌烦",避而不谈其余部分。显然他想到的是教会的读者,他是为他们写的。

最初移居到那里的商人如何在原有居民中间或旁边安家。城镇的围墙之内经常有一些空地,用作耕地和园圃,城镇起初必定向商人们提供一块地方,但不久这块地方变得太拥挤。肯定从10世纪起许多城镇中的商人不得不定居在城墙之外。在凡尔登,他们建起一个筑有防御工事的围子(商人区 negotiatorum claustrum)[①],用两座桥与城镇相连。在雷根斯堡,主教城的旁边建起商人城(urbs mercatorum)。在乌德勒支、斯特拉斯堡等地也有同样的情况。[②]在康布雷,新来的人们在他们四周竖起木栅,不久又换成石墙。[③]我们知道,在马赛11世纪初一定扩大了城墙的范围。[④] 这样的例子还可以举出很多。这些例子不容置疑地证实从罗马时代以来未见扩大的古老城镇迅速扩展。

城堡居民增加与城镇居民增加的原因相同,但是所处的条件相当不同。城堡里确实缺乏可供新来的人们居住的地方。城堡只是四周用城墙围起、面积狭窄有限的堡垒。结果是,由于缺少地方,商人们从一开始就不得不定居在城堡之外。他们在城堡旁边建起一个外堡(forisburgus),即一个郊区(suburbium)。这种郊区,有些文献还称之为新堡(novus burgus),以别于与之相连的封建城堡即旧堡(vetus burgus)。特别是在尼德兰和英格兰,有一个用以称呼这种地方的词,极妙地符合它的性质——这个词叫做港口(portus)。

① 里歇:《历史》,第3册,第103页(约985年):"商人区像城镇一样筑起围墙,默兹河将其与城镇隔开,架有两座桥使其与城镇相连。"

② 在斯特拉斯堡的老城市法中,新的居民点称为外城(urbs exterior)(F.科伊特根:《城市制度史的文献》,第93页,柏林,1899年)。

③ 《康布雷主教言行录》(《德意志历史文献·著述》,第7卷,第499页)。

④ F.基内:《普罗旺斯政治制度史》,第212页。

在罗马帝国的行政用语中，港口并不是海港，而是用墙围起来存放或转运商品的地方。[①] 这个词几乎一成不变地沿用到墨洛温和加洛林时代。[②] 显而易见，一切适于用这个词的地方位于水道之上，而且这些地方设有商品通行税卡。

因此这些地方是码头，按照商品流通的常规，堆积待运到更远地方去的商品。[③] 港口与市场或市集之间的区别是很明显的。市场和市集是买主和卖主定期聚会的地方，而港口是经常性的商业地点即不间断的转口中心。从 7 世纪起，迪南、于伊、迈斯特里奇、瓦朗西安和康布雷都是港口的所在地，因此是转运的地方。[④] 8 世纪的经济衰退和诺曼人的入侵自然毁坏了这些地方的商业。到了 10 世纪，不仅老的港口恢复生气，而且新的港口在许多地方建立起来，如在布鲁日、根特、伊普雷、圣奥梅尔等地。与此同时，在古英语的文献中出现 port 一词，用作拉丁文 urbs 和 civitas（城市）的同义词，而且今天在所有说英语的国家的城市名称中还常常碰到 port 这个词尾。[⑤] 没有什么比这更清楚地说明中世纪经济复兴和

① 《法理汇要》，第 16、59 册："所谓港口，乃四面围起之处，由此进出口商品。"塞维利亚的伊西多鲁：《词源学》，第 14 册，第 8 章，第 39、40 节："因运出商品而谓之港口。"

② 这个词在这里好像属于第二变格法，例如见《厄帕尔基生平》（《德意志历史文献·墨洛温王朝的著述》，第 3 卷，第 557 页）："Navis ipsa, omnibus portis relictis, fluctibus valde oppressa etc."（离开港口之后，船身被波浪冲击很甚。）（portus 本属拉丁语第四变格法阳性名词，而上句中之 portis 属第二变格法阳性名词复数夺格。——译者）

③ 在 12 世纪这个词还保留着码头的原意。"在布里萨克堡和斯特拉斯堡内无一般人称之为码头（Ladstadtt）的港口，只在布里萨克附近有之"（根格勒：《古代城市法》，第 44 页）。

④ H. 皮雷纳：《中世纪城市制度的起源》（《历史杂志》，第 57 卷，第 12 页）。

⑤ 默里：《新英语辞典》，第 7 卷，第 2 部分，第 1136 页。

城市生活开端之间的紧密联系。它们的关系是如此的亲密，以致在欧洲最伟大的一种民族语言中，一个表示商业地点的词，同时也用来表示城市本身。而且古荷兰语也有类似的现象。在古荷兰语中使用 poort 和 poorter 两个词，第一个词的意义是“城市”，第二个词是“市民”。

我们可以完全有把握地得出结论：在 10 和 11 世纪时如此大量地提到的佛兰德尔及其附近地区城堡脚下的港口是商人聚居地。编年史或圣徒传记的某些章节向我们提供了非常难得的有关港口的详细情况，使人对此没有丝毫怀疑的余地。我在这里仅仅引用一下《圣沃马里奇迹》中稀奇的记叙，这本书是 1060 年左右由一位目睹他所报道的事件的修士写的。这里写的是列队到达根特的一队修士。居民“像一窝蜂地”出来迎接他们。他们首先将虔诚的客人引到位于城堡围墙内的圣法拉伊尔德教堂。第二天这些修士走出城堡去到新近在港口建立的施洗礼者圣约翰教堂。[①] 因此看来这里是不同起源和性质的两个居民点并存的例子。较老的一个是堡垒，另外较新的一个是商业地点。正是通过这两种成分的逐渐融合，第一个一点一点地被第二个所吸收，城市诞生了。[②]

在进一步阐述这个问题以前，请注意那些地理位置不利于它们变成商业中心的城镇和城堡的命运。就在尼德兰境内，这样的地方有如泰鲁阿纳的城镇以及斯塔夫洛、马尔梅迪、洛伯斯等修道院周围构筑的城堡。

① 《圣沃马里的奇迹》(《德意志历史文献·著述》，第 15 卷，第 841 页)。

② H. 皮雷纳：《十二世纪以前佛兰德尔的城市》(《东部和北部年刊》，第 1 卷，第 22 页)。

在中世纪的农业和领地时期，所有这些地方都以其财富和影响闻名。但是它们位离交通干线太远，所以受不到经济复兴的影响，也可以说受不到它的滋润。在经济复兴所激起的繁荣兴旺之中，它们始终是贫瘠之地，就像种子撒到石头上一般。它们之中没有一个地方在近代以前超越半农村的普通小镇阶段。[①] 这就足以清楚说明城镇和城堡在城市演进过程中所起的作用。因为城镇和城堡所适应的社会秩序与城市诞生时的社会秩序非常不同，所以城镇和城堡并没有产生城市。可以说，城镇和城堡只是商业活动结晶的地点。商业活动并非从那里产生，当有利的地理位置使它汇合到那里的时候，它从外面来到那里。城镇和城堡的作用基本上是一种被动的作用。在城市形成的历史上，商业郊区比封建城堡重要得多。郊区才是积极的因素，正由于郊区的出现，城市生活的复兴才可以理解，因为城市生活的复兴只是经济复兴的结果[②]，这一点下面还要讲到。

从10世纪起商人聚居地的特点是不断地发展壮大。因此商人聚居地与城镇以及它们位居其脚下的城堡所顽固坚持的静止状态形成最强烈的对照。它们不断地吸引来新的居民。它们不断地膨胀，所占面积越来越大，以致到12世纪初期在很多地方它们已经从四面八方把原来的城堡包围起来，它们的房舍簇拥在城堡的周

---

① 对于巴韦和通格雷我们可以得出同样的看法，这两个城镇在罗马时代是高卢北部的重要行政中心。由于不位于河道上，它们未受到商业复兴的好处。巴韦于9世纪时消失了；通格雷今天还存在，但已无关重要。

② 自然不是说每个城市的演进过程都是完全一样的。并非各地的商人郊区都像例如佛兰德尔的城市一样与原来的城堡有着明显的区别。根据当地的情况，外来的商人和工匠以各种不同的方式聚居起来。我只能在这里勾画出这个问题的大的轮廓。见N.奥托卡尔著《法国城市史试编》(第244页，彼尔姆，1919年)的看法。

围。从11世纪初期起，为它们建立新的教堂，把它们的居民分配到新的堂区，已成为非做不可的事情。有文献提到在根特、布鲁日和圣奥梅尔以及其他许多地方修建起往往由富商创议修建的教堂。[①]至于郊区的布置和布局，仅能形成一个总的概念，因为缺少准确详细的资料。它的雏形各地都很简单。一个市场设在流经该地的河流的岸边或者就设在该地的中心，市场是街道的交叉点，各条街道从市场通向各个城门，由此通向农村。这是因为商人郊区很早就是由防御工事围绕起来的[②]，应该特别强调地指出这一特点。

尽管王侯们和教会做出了努力，暴力和抢劫仍然经常肆虐，在这样一种社会里，不可能没有防御工事。在加洛林帝国瓦解和诺曼人入侵之前，王权好歹还能够保证社会治安，当时的港口（至少其中的绝大多数）似乎还是不设防的地方。但是到了9世纪中叶，除了城墙的庇护之外已经再没有其他东西能够保证动产的安全。845至846年的一份文献清楚地指出，最有钱的人和少数剩下的商人到城镇寻找避难所。[③] 商业复兴大大地刺激了各类强盗的胃口，所以自卫必然成为商人聚居地的迫切需要。正如商人们除非携带武器不敢冒险在公路上行走一样，他们也将自己集体的住处变成一种设防的地方。他们在城镇或城堡脚下建立起来的定居

① 1042年，圣奥梅尔的市民教堂由某一个名叫朗贝尔的人出资修建，非常可能他本人就是该城的市民（A.吉里：《圣奥梅尔市史》，第369页，巴黎，1877年）。1110年，奥德纳尔德的小教堂由公民们（cives）建立（皮奥：《埃纳默修道院文件集》，第11、12节）。

② 见12世纪初期布鲁日的地图（布鲁日的加尔贝：《好心的查理遇害始末》，H.皮雷纳校注，巴黎，1891年）。

③ 波雷提乌斯：《法兰克王国敕令汇编》，第2卷，第405页。参阅迪姆勒：《法兰克王国年表》，第2版，第3卷，第129页，注4。

地，使人想到它们相当类似于欧洲移民17、18世纪时在美国和加拿大殖民地建立的堡垒和碉堡。同样地商人定居地通常只用坚实的木栅防护起来，木栅上开有门，四周环以壕沟。在纹章中长期保留着以一种围篱象征城市的习惯，由此我们还可以回想到最早的城防工事。

肯定来说，这种粗糙的木栅除了抵挡一下突然袭击以外别无其他用途。它可以抵御匪徒保证安全，但不能经受正规的围攻。[①]在战时必须将木栅付之一炬，以免敌人在那里埋伏，然后躲进城镇或城堡之中，犹如躲进了坚实的堡垒。差不多只是从12世纪起，商人移居地日益繁荣，才有可能用石墙围绕起来，侧面建起塔楼，可以对付正规的进攻，从而安全更有保证。从那时起，商人移居地本身也成为了堡垒。还继续矗立在堡垒中心的封建的或主教的旧城墙也就失去了存在的理由。无用的墙垣任其逐渐坍圮成为废墟。那里房屋鳞次栉比，把废墟覆盖起来。甚至出现这样的情况：城市把对于伯爵或主教来说只是不产生价值的资产的旧城墙买过来，加以拆毁，把其所占的空间变成建房的地面。

中世纪的城市是设防的城市，产生这一基本特点的原因就在于商人需要安全。不可想像在那个时代会有一座不筑城墙的城市；这是一种权利，或者用当时的话来说，这是任何城市不可缺少的一种特权。在这方面纹章又非常准确地符合于真实，在城市纹章的上面有一个城冠。

---

① 见本书第91页注3所引用有关康布雷的文献资料。12世纪初期布鲁日城还只用木栅防御。

然而城墙不仅是城市的象征，而且也是当时用来、现在仍然用来称呼城市居民的名称的由来。正因城市是筑垒之地，所以城市成为城堡。如上所述，商人聚居地称为新堡，以别于原来的旧堡。从而新堡的居民最迟从11世纪初期起得到市民（burgenses）这个名称。据我所知，这个词于1007年第一次出现在法兰西；1056年出现在佛兰德尔的圣奥梅尔；以后经莫泽尔河地区（1066年出现在于伊）传入神圣罗马帝国。因此新堡即商人城堡的居民，得到了或者更可能是他们为自己创造了市民这个名称。奇怪的是，这个名称从来没有应用于旧堡的居民。旧堡的居民被称为堡垒的居民（castellani）或营地的居民（castrenses）。这进一步地并且特别有意义地证明，城市居民的起源问题不应在原来堡垒的居民之中而应在移民之中去寻找答案，商业使得移民大批来到原来堡垒的周围，并且从11世纪起移民开始将老居民同化。

市民这个名称不是一开始就普遍使用的。除了市民这个名称以外，根据老的传统，公民（cives）这个名称仍旧使用。在英格兰和佛兰德尔还用poortmanni和poorters（市民），这两个词在中世纪末期废而不用，但是它们绝妙地证实了我们已在前面指出的港口和新堡的同一性。说真的，港口和新堡完全是一回事；如果我们对此还没有提出足够的证据的话，仅在语言方面poortmannus（市民）和burgensis（市民）是同义词就足以证明这一点。

商人聚居地的最初的市民阶级是什么样子呢？显然它不仅仅包括我们在前一章中力图描述的那种长途跋涉的商人，除此以外一定还包括数量相当大的雇用来装卸和运输货物，给船只装配绳缆索具和其他设备，制作大车、木桶、货箱，一言以蔽之，一切经商所必需的用品的人。商业活动必然把附近寻找职业的人吸引到新生的城市。我们可以清楚地看到，从 11 世纪初期起，农村居民确实受到城市居民的吸引。城市人口的密度越大，对周围的影响越强烈。城市居民为了维持日常生活，需要不仅数量很大而且行业日益增多的手艺人。从前满足城镇和城堡有限需要的少数工匠，显然不能满足新来者日益增多的要求。因此最不可少的行业的工人（面包师、酿酒师、屠夫、铁匠等等）必须来自外面。

但是商业本身也刺激了工业。举凡农村进行工业生产的地区，商业做了成功的努力，首先把工业吸引过来，然后很快把工业集中到城市。

佛兰德尔在这方面提供了一个最有启发性的例子。我们已经看到，自从凯尔特时代以来，那里就非常广泛地进行着呢绒生产。在诺曼人入侵之前，农民制作的呢绒通过弗里斯兰人航运到远方。城市商人必然也会利用这一点。我们知道，从 10 世纪末起，他们把呢绒运到英格兰。① 他们很快得知当地羊毛质量优良，于是开始将其引进佛兰德尔，由他们在那里找人加工。于是他们成为包工，因而自然将农村的织工吸引到城市。② 这些织工从此以后失去了他们的农村性，而变成替商人工作的单纯的雇佣劳动者。人口的增长自然促进了工业的集中。大批穷人涌入城市，在那里随着商业的发展而发展起来的呢绒生产保证他们的生计。然而他们在那里的状况看来是非常可怜的。由于他们彼此在劳动市场上竞

① 见本书第 63 页注 2。

② 根特在 11 世纪时必定已成为一个织造中心，因为《马卡里伊生平》（《德意志历史文献·著述》，第 15 卷，第 616 页）谈到附近的领主把他们的羊毛送到那里。

争，商人得以向他们付非常低的工资。现存有关他们的资料（最早的时间回溯到11世纪）把他们描写成为粗暴横蛮、没有教养和愤懑不满的贱民。[①] 工业生活将在13、14世纪的佛兰德尔激起非常强烈的社会冲突，这早在城市形成时期已经开始萌芽。在那里自从有了市民阶级就暴露出劳资的对立。

古老的农村呢绒业相当快地消失了。它不可能与城市呢绒业相竞争，城市呢绒业拥有通过商业途径得到的大量原料并且享有比较先进的技术。因为商人着眼于销售，他们必然改进出口织品的质量。他们亲自组织和领导缩绒和染色工场。由于质地精细和色彩绚丽，在12世纪他们的织品终于独步欧洲市场。他们还增加了织品的尺度。从前农村织工制作的老式方形羊毛斗篷（pallia）为长30至60奥恩[②]的呢绒所代替，这样的呢绒制作比较经济，出口比较方便。

佛兰德尔的呢绒于是成为国际贸易中最受欢迎的商品之一。呢绒工业集中在城市，直到中世纪末始终是这些城市繁荣的主要源泉，并且促使这些城市具有巨大工业中心的性质，正是这种性质使杜埃、根特或伊普雷非常突出地与众不同。

虽然佛兰德尔的呢绒生产享有无比的声誉，但是呢绒生产自然远非限于该地。法兰西北部和南部、意大利和德意志莱茵河流域地区的许多城市也从事该种工业，并且取得成功。呢绒比其他任何工业产品更加养活了中世纪的商业。冶炼的重要性小得多。

① 关于这一点见《康布雷锡堡圣安德烈年表》（《德意志历史文献·著述》，第7卷，第540页）和《特鲁多宁西乌姆修道院院长言行录》（《德意志历史文献·著述》，第10卷，第310页）。

② 奥恩（aune），古尺，合1.18米。——译者

冶炼几乎只限于炼铜。某些城市,特别是默兹河流域的迪南,是靠炼铜致富的。然而,无论哪种工业,在任何地方都服从于很早就见之于佛兰德尔的那条集中的规律。由于商业的原因,各地城市将农村工业吸引到自己那里。①

在领地经济时代,每个经营中心无论大小都尽最大可能做到自给自足。大领主在他的“宫廷”里蓄有工奴;同样地,每个农民自己修建自己的房舍,或用自己的双手制造家具和最必需的工具。小贩、犹太人以及每隔很久路过一次的少数商人供应其他的用品。人们生活在非常类似最近还存在于俄国很多地区的那种状况之中。当城市开始使农村居民有可能到城市购买各种工业产品的时候,所有这一切都改变了。在市民阶级和农村居民之间建立起如前所述的那种相互服务的关系。原来市民阶级是工匠的顾客,而现在工匠在农村居民中又找到了可靠的顾客。结果是在城乡之间产生明显的分工。农村专门从事农业,城市则专门从事工业和商业。中世纪的社会持续多久,这种状态也就持续多久。

然而这种状态对市民阶级比对农民有利得多,因此城市大力维护这种状态。城市从来不会忽略同任何把工业引进农村的企图作斗争。城市小心翼翼地监守着这项保证城市生存的垄断权。直到近代,城市才不得不放弃与经济进步再不相容的排他性。②

市民阶级的双重活动——商业的和工业的——刚才概述过

① 在11世纪时,《圣巴沃尼斯的奇迹》(《德意志历史文献·著述》,第15卷,第594页)指出在根特“那些世俗人根据他们的职业被称为制革匠”。无疑这些工匠是从外地来的。

② H.皮雷纳:《尼德兰的古代民主政治》,第225页。

了。他们从一开始就要同各式各样的困难做斗争，久而久之才得以克服。他们所定居的城镇和城堡丝毫没有做好接待他们的准备。他们在那里一定被看作是动荡的根源，可以说他们常常被当作不受欢迎的人。首先他们必须与土地的所有者达成协议，有时与主教，有时是与修道院，有时是与占有那里的土地并在那里执掌司法的伯爵或领主。甚至经常出现这样的情况：港口即新堡占据的地方分属于几个法庭和几个领地管辖。这些地方原是供农业使用的，而新来的移民立即把这里变成建造房屋的地面。要让土地的占有者意识到他们可以从中得到好处，还需一定的时间。这些移民过着一种与习惯相抵触或者与传统观念相触犯的生活，他们的到来引起一些麻烦，土地占有者起初对此特别感到不满。

冲突立即爆发了。这是不可避免的，因为新来者是外地人，他们几乎索性不考虑那些妨碍他们的利益、权利和习俗。人们不得不勉勉强强给他们腾出地方，而随着人数不断增加，他们越来越肆无忌惮地侵占土地。

1099 年在博韦，教士会议不得不对染工们起诉，因为他们堵塞河道致使教士会议的磨坊不能开工。[①] 在其他地方我们看到主教或者修道院对市民占据的土地提出争议。然而不管愿意与否，必须达成协议。在阿拉斯，圣瓦斯特修道院最终让出它的“耕地”，将其划成小块分了出去。[②] 根特和杜埃也有类似的情况。尽管资

① H. 拉邦德：《博韦及其公社制度史》，第 55 页（巴黎，1892 年）。

② 见吉芒的非常有教益的文献资料：《阿拉斯的圣瓦斯特修道院文件集》，范·德里瓦校注（阿拉斯，1875 年）。12 世纪初期，该修道院把它的花园、果园、麻风病院如同厄尔门弗雷狄区（Le vicus Ermenfredi）一样划分出去修建住房和客店（第 155、157、162 页）。

料贫乏，当然可以设想这样的解决办法带有普遍性。直到今天，在许多城市里，街道的名称还使人想起它们当初的农业面貌。例如根特的一条主要大街还叫做“田街”（Veldstraat），在附近有一个“耕作广场”。①

由于领主的多种多样，相应地土地制度也就多种多样。有的土地要承担地租和徭役，有的要缴纳维持旧堡常备戍军骑士的给养的贡赋，还有的要缴纳由城堡主、主教或代表最高司法官的推事所征收的捐税。总而言之，所有这一切带有时代的印记，这个时代的经济组织和政治组织一样完全建立在土地占有的基础上。除此之外，在转让地产时还有按照习惯法所必须履行的手续和缴纳的捐税，这如果说不是使得土地的买卖不可能的话，也是使之特别的复杂化。在这种情况下，沉重的既得权压在土地之上，使之固定不变，因此不能参加商业活动，不能得到商品价值，不能作为信贷的工具。

审判管辖区的繁复使得已经非常复杂的状况更加复杂。市民占据的土地只属于一个领主管辖的情况是非常少见的。分占这些土地的领主每人都有自己的领地法庭，只有领地法庭有权审理有关土地的案件。有些领地法庭还执掌高级审判权或者低级审判权②。因而审判权限的混乱使得审判管辖区的混乱更加严重。结

① 关于这些城市地产的情况，见 G. 代马雷：《中世纪的特别是佛兰德尔的城市中地产的研究》（根特，1898 年）。——就我所知，最早提到城市土地解放的资料是在 11 世纪初。

② 高级审判权指古时授予领主的生杀大权；低级审判权指古时授予领主的处理一般案件的权力。——译者

果是同一个人同时属于几个法庭，就看是涉及债务、犯罪或仅仅土地的占有中哪一类问题。这些法庭并非都设在城市，有时必须长途跋涉前去打官司，这样困难就更大了。而且，这些法庭在组成以及所执行的法律方面各不相同。除了领地法庭以外，几乎总是有一个古老的执行吏(échevins)法庭，不是设在城镇就是设在城堡。主教管区的教会法庭不仅审理属于教会法范围的案件，而且审理一切牵连到教士的案件，还不算大量的继承、身份、婚姻等方面的问题。

如果再看一下各人的身份，复杂性就显得更大了。形成中的城市社会在这方面表现出千差万别。没有什么东西比新生的市民阶级更加稀奇古怪。如上所述，商人事实上被当作自由人看待。但是对于非常多的希望找到工作而涌到城市的移民来说，情况并非如此。因为他们差不多都是附近的人，所以他们不能隐瞒自己的身份。他们所逃出的领地的领主可以很容易地找到他们；他们村子里的人进城时可以碰见他们。人们认识他们的父母，知道他们是农奴，因为农奴身份是农村阶级的普遍情况，因而他们不可能像商人一样要求得到自由，商人享有自由只因他们的出身无人知晓。[①] 于是大多数的工匠在城市里仍然保留着他们原来的农奴身份。可以说他们的新的社会地位和传统的法律身份是不相容的。

① “一个未被认出的农奴不应从那里拉走，而一个为诚实的人所证明的农奴，无论是基督教徒还是萨拉森人，都应无可争辩地交给他的主人。”〔《卡斯特罗卡尔邦的法律》(1156 年)，载《西班牙法律史年鉴》，第 1 卷，第 375 页(马德里，1924 年)〕。尽管这份文献资料的日期较晚而且源出于西班牙，然而它非常清楚地表明了起初各地移居城市的农奴的状况。

虽然他们已经不是农民，但是他们不能抹掉农奴身份留给农村阶级的污点。如果他们企图隐瞒身份，他们的真相必然被无情地揭露。他们的领主只要宣称他们属他所有，他们就得跟着他返回原来逃出的领地。

商人自己也间接地感受到农奴制度的害处。如果他们想要结婚，他们选择的女子差不多总是属于农奴阶级。只有最富裕的商人可望荣幸地娶他们代之偿还了债务的某个骑士的女儿为妻。对于其他人来说，和一个农奴结婚，其后果是他们的孩子失去了自由。习惯法实际上根据"龙生龙，凤生凤"（partus ventren sequitur）的格言，将母亲的法律地位赋予孩子。人们可以理解在家庭中由此而产生的不协调现象。商人自己所享有的自由不能传给他的孩子。婚姻使农奴身份重新出现在他的家庭之中。多少仇恨、多少冲突必然从这种矛盾的状况中产生！显然，古老的法律想要把自己强加于它已不相适应的一种社会，结果造成这些不合理和不公平，不可抗拒地引起改革。

另一方面，当市民阶级壮大起来，并且凭借人员的众多而获得力量的时候，贵族在他们面前逐步后退以至让位于他们。自从旧堡垒在军事上的重要性消失以后，定居在城堡和城镇的骑士再没有理由住在那里。我们非常清楚地看到，至少在欧洲北部，他们撤往乡村，放弃城市。只有在意大利和法兰西南部，他们继续住在城市。

这种情况或许是由于那些地方保留着罗马帝国的传统，并且在一定程度上保留着罗马帝国的城市组织。意大利和普罗旺斯的城镇与以其作为行政中心的整个地区非常紧密地联系在一起，所以在8和9世纪经济衰退时期，与其他所有地方比较起来，它们和周围地区保持着比较密切的关系。虽然贵族的采邑遍布农村，但是他们没有作为法兰西、德意志和英格兰贵族的特征的那种农村性质。他们定居在城镇，靠土地收入为生。从中世纪早期起，他们在那里筑起塔楼，直到今天那些塔楼还给予托斯卡纳的许多古老城市一种别致的外观。他们并未去掉古代社会所深深地带有的城市印记。在意大利贵族和市民阶级之间的差别看起来没有欧洲其余地方那样明显。在商业复兴时期，那里的贵族甚至对商人的生意感到兴趣，并且把他们的一部分收入投入商业。正因为如此，意大利城市的发展或许大大地不同于北部城市的发展。

在北部城市中，只在完全例外的情况下，这里或那里有一个骑士家庭，孤立在市民社会之中，就像迷途的羔羊。在12世纪时，差不多各地贵族都已迁往乡间。然而我们在这里触及到一个迄今所知很少的问题，希望今后的研究能进一步地澄清。暂且可以这样设想：在12世纪时，贵族收入减少，苦于经济拮据，这种情况不会不促使他们离开城市。他们在城市拥有的土地，由于变成建筑房屋的地面，价值已经大大地提高，他们一定认为将这些土地卖给市民是有利的。

教士的状况并未因市民阶级涌进城镇和城堡而有明显的改变。对他们来说，产生了一些麻烦，但也有一些好处。面对这些新来者，主教们不得不为保持他们的司法权和领地权的完整而斗争。修道院和教士会议不得不允许在他们的田野或“耕地”上建造房舍。教会所习惯的家长式的领地制度太突然地要对付意想不到的要求和需要，因此起初不可能不出现一个苦恼和不安全的时期。

然而另一方面不无弥补之处。对让给市民的土地所收的租金成为日益丰富的收入的来源。由于人口的增加，教士从洗礼婚丧所得的酬金也相应地增加。捐款的数目也不停地增加。商人和工匠组成虔诚的善会，附属于一个教堂或一个修道院，就得缴纳年费。随着居民人数的增加，由于建立新的堂区，世俗教士的人数和收入大增。至于修道院，11 世纪以后只是在极其例外的情况下才建在城市。修道院或许不能习惯于过分喧嚣忙碌的生活，此外，或许再也不可能在城市找到为修建大修道院及其附属机构所需的地面。12 世纪时广布欧洲的西斯特教团只是分散在农村。

仅仅在下一个世纪修士们才又回到城市，然而是在完全不同的情况下回来的。圣芳济会和多明我会的行乞僧那时来到城市定居，并非仅仅适合宗教热忱的新方向。安贫原则使他们与以前一直是修道生活支柱的领地组织决裂。他们觉得修道生活极其适合于城市的环境。他们对于市民除了要求施舍以外别无所求。他们把修道院建在街道旁边，而不是孤立在广阔寂静的围子的中心；他们参与工匠的一切骚乱，分担工匠的一切苦难；他们了解工匠的一切愿望，因而他们有资格成为工匠精神上的导师。

第七章　城市制度

新生的城市呈现在我们面前的是一个特别复杂的社会环境，一个存在着极其大量的差别和各种各样的问题的社会环境。在城市中两种并存而不融合的居民之间，暴露出两个不同社会的对立。旧的领地组织及其各种传统、观念和感情（这一切可能不是从领地组织中产生，但是接受了领地组织的特别色彩）要对付突然向它提出的需要和愿望，这些需要和愿望同它的利益相抵触，为它所不适应，开始时它顽强地抵制着。

旧的领地组织之所以退却是不得已的，因为新的局面有其十分深远的和不可抗拒的原因，以致旧的领地组织不可能不受到影响。或许社会当局开始时未能正确判断在其周围发生的变革的意义。由于低估了变革的力量，社会当局开始时进行抵制。仅在以后，而且通常很迟，它才顺从于不可避免的事情。变化总不是一下子发生的。常常有人将抵制归因于“封建专制”或“僧侣的妄自尊大”，这是不公正的，抵制有其更为合乎情理的动机。中世纪发生的事情也就是从那时以后常常发生的事情。旧秩序的既得利益者努力保卫旧秩序，并非仅仅因为他们要确保自己的利益，或许更因为对他们来说保存旧社会是责无旁贷的。

而且请注意，这种社会为市民阶级所接受。他们的要求以及可以称之为他们的政治纲领的东西，绝对不是旨在推翻这种社会；他们不加争议地承认王侯、教士和贵族的特权和权力。他们并不想要搞个天翻地覆，而只想要得到简单的让步，因为这是他们的生存所必需的。而且这些让步只限于他们自己的需要。他们完全不关心他们来自其中的农村居民的需要。总之，他们只要求社会给予他们一个与他们所过的那种生活方式相谐和的位置。他们不是革命的，如果他们有时诉诸暴力，也并非是仇恨旧制度，只不过是迫使其让步而已。

略述一下他们的主要要求，就足以相信这些要求并未超出最低的限度。他们所要求的首先是人身的自由，这保证商人或工匠可以来往和居住于他们所愿意的地方，并且可以使他们自己和孩子的人身摆脱对领主权力的依附。其次他们要求赐予一个特别法庭，这样他们就可以一举摆脱他们所属的审判管辖区的繁复以及旧法律的形式主义的程序给他们的社会和经济活动造成的麻烦。再次他们要求在城市中建立治安，即制定一部刑法以保证安全。再次他们要求废除与从事商业和工业以及占有和获得土地最不相容的那些捐税。最后他们要求相当广泛的政治自治和地方自治。

然而这一切远未形成一个完整的体系和得到理论原则上的说明。在最初的市民阶级的思想中，没有任何人权和公民权的观念。他们要求人身的自由，也并非把自由当作天赋的权利。只在有利可图的情况下他们才寻求人身的自由。这是千真万确的，例如在阿拉斯，商人企图冒充圣瓦斯特修道院的农奴，以便享受给予农奴的免缴商品通行税的权利[1]。

从11世纪初期起市民阶级开始企图反对使他们受到损害的现状。此后他们的斗争再未停止。经过各种曲折，改革运动不可抗拒地向目标迈进，必要时大力粉碎抵挡他们前进的阻力，在12世纪时终于达到把基本的城市制度授予城市的目的，这将成为城市组织的基础。

我们看到商人在各地发动和领导事变，这是再自然也不过的事情。他们是城市居民中最活跃、最富裕、最有影响的分子，他们最难忍受损害他们的利益和自信心的处境。[2] 尽管时间和环境迥异，他们当时所起的作用正好比得上18世纪末期以后资产阶级在结束旧制度的政治革命中所起的作用。无论此时或彼时，与社会变革最为直接有关的社会集团领头反抗而为群众所追随。在中世纪如同近代一样，民主政治是在杰出人物的推动下开始的，他们将自己的纲领塞进人民群众纷乱杂沓的愿望之中。

主教管辖的城镇首先成为斗争的舞台。如果将这一事实归因于主教们个人的品格，那肯定是错误的。反之，他们之中非常多的人以明智地关心公共福利闻名。卓越的行政官员在他们之中并不罕见，在几个世纪中人们一直怀念他们。例如在列日，诺热(972—1008年)攻打为害邻里进行抢劫的领主们的城堡；将默兹河的一条支流改道，使得列日城市清洁；还加强了列日城的防御工事。[3]

① H. 皮雷纳:《中世纪城市制度的起源》(《历史杂志》,第57卷,第25—34页)。

② 同上。

③ G. 居尔特:《列日的诺热和十世纪的文明》(布鲁塞尔,1905年)。

类似的例子还可以随便举出康布雷、乌德勒支、科隆、沃尔姆斯、美因兹和德意志的许多城镇，在锡封权斗争以前，皇帝们总是尽量给这些地方任命在才智和精力方面都是出类拔萃的高级神职人员担任主教。

但是主教们愈是意识到自己的责任，他们就愈是想要捍卫自己的统治拒绝臣民的要求，并且愈是想要将臣民保持在专制独裁和家长式的制度之下。而且由于精神权力和世俗权力集中在他们手中，在他们看来任何让步对教会都是危险的。还不应忘记，他们的职责使得他们常驻在他们的城镇，理所当然地担心市民阶级的自治将会给他们造成困难，因为他们就生活在市民阶级之中。最后，我们已经知道，教会对商业很少同情。教会对商业持怀疑的态度，这自然使得教会对商人以及聚集在他们后面的人民群众的愿望充耳不闻，妨碍教会理解他们的要求，并且使得教会对他们的力量产生错觉。由此产生误解、摩擦，很快成为相互的敌对，从 11 世纪初期起，敌对终于成为不可避免的事情。[①]

运动发端于意大利北部。在那里商业生活出现较早，它的政治后果也就较快地表现出来。遗憾的是关于这些事变的详细情况所知极少。可以肯定，当时折磨着教会的动乱必然加快事变的发展。有些修士和神甫发动一场运动反对教士的恶习，攻击西蒙式以及教士结婚，谴责世俗当局干涉教会的管理，城市的人民热烈地

① H. 皮雷纳：《尼德兰的古代民主政治》，第 35 页；F. 科伊特根：《公会和行会》（耶拿，1903 年），第 75 页。人们发现英格兰的教士同德意志和法兰西的教士一样敌视市民阶级（K. 黑格尔：《日耳曼各民族的城市和基尔特》，第 1 卷，第 73 页，莱比锡，1891 年）。

站在这些修士和神甫一边。主教们是由皇帝任命的,就为这一点而受到牵累,因此面对着一支反对力量;神秘主义、商人的要求和工业劳动者中间由贫困引起的不满,这些因素结合在这支反对力量之中,相互得以加强。可以肯定,有些贵族参加了这种动乱,因为这给予他们动摇主教统治地位的机会;他们与市民、帕塔兰(保守派对其敌手的蔑称)采取一致行动。

1057 年,在当时已是伦巴第城镇皇后的米兰发生了反对大主教的骚乱。[①] 锡封权争吵的发展自然使得骚乱蔓延开去,随着教皇的主张胜过了皇帝的主张,骚乱也就越来越朝着有利于叛乱分子的方向发展。或是经过主教的同意或是通过暴力,一些城市设置了称为"执政官"(consuls)的负责城镇行政管理的地方长官。[②] 最早见诸文字或许并不是最早存在的执政官,于 1080 年出现在卢卡。在 1068 年已有关于该城"公社法庭"(Curtis communalis)的记载,这是城市自治所特有的征兆,在这同一时期其他许多地方一定还存在城市自治。[③] 到 1107 年才有资料提到米兰的执政官,但是肯定他们早就已经有了。执政官一出现就明显地表现出公社长官的特点。他们从社会各阶级中,即从资本家(capitanei)、武士(valvassores)和公民(cives)中选聘,他们代表城市公社(communio civitatis)。这种地方长官职位的最大特点是其任期的年度性,

① 豪克:《德国教会史》,第 3 卷,第 692 页。

② K.黑格尔:《意大利的城市制度史》,第 2 卷,第 137 页(莱比锡,1847 年)。关于公社时期以前执政府的起源问题,见 E.迈尔:《意大利政治制度史》,第 2 卷,第 532 页(莱比锡,1909 年)。这个名称似乎从罗马尼阿地区的罗马-拜占庭的市政府衍生而来。

③ 达维德佐恩:《佛罗伦萨史》,第 1 卷,第 345—350 页(柏林,1896—1908 年)。

因此显然不同于封建制度所独有的终身官职。职位的年度性是由职位的选举性产生的。城市居民掌握着权力，他们将权力委托给他们自己任命的代表。这样既显示出选举的原则，也显示出监督的原则。城市公社从其初创之时就建立了为它自己行使职权所必需的工具，并且毫不犹豫地踏上了它从此以后一直沿着走下去的道路。

执政府不久从意大利传播到普罗旺斯各城市，这是它完全适合市民阶级切身需要的明证。马赛在12世纪初，最迟在1128年，有了执政官①，以后在阿尔和尼姆发现了执政官，随着商业以及连带而来的政治变革在法兰西南部逐步蔓延，执政官也就渐渐遍及该地区。

几乎与意大利同时，在佛兰德尔地区和法兰西北部建立起城市制度。这是不足为奇的，因为这一带像伦巴第一样是强有力的商业策源地。幸好这里的资料比较丰富和详细。这使得我们可以相当清楚地弄明白事情的来龙去脉。并非只有主教管辖的城镇引人注意。除此以外，其他活动中心也很出名。但是我们首先应该弄清楚它的性质的那些“公社”是在主教管辖的城镇的墙垣之内建立的。最早的恰好也是最知名的是康布雷的公社。

11世纪时该城大大地繁荣昌盛起来。在原来城镇的墙脚之下居民聚集形成一个商业郊区，1070年四面筑起了围墙。郊区的居民难以忍受主教及其城堡主的权势。当1077年主教热拉尔二世必须离职去德意志接受皇帝的锡封时，居民秘密准备叛乱。他

① F.基内:《普罗旺斯政治制度史》,第164页。

刚刚动身，人民群众在该城最富有的商人们的领导之下起来暴动，占领城门，宣布成立“公社”(Communio)。因为一个名叫拉弥尔杜斯的改革派神甫当众揭发该主教是西蒙式人物，并且在人们的内心深处激发起这时正在鼓动伦巴第的帕塔兰起来造反的神秘主义思想，所以特别是穷人、工匠、织工更加积极地投入斗争。如同在意大利一样，宗教热忱给政治要求灌注了力量，公社在全城欣喜若狂的气氛中宣誓成立。[①]

这个康布雷公社是阿尔卑斯山以北已知的公社中最老的一个。它看来既是一个战斗组织，也是一个维护社会治安的工具。主教定必卷土重来，务须做好抵抗的准备，因此迫切需要采取一致行动。举城宣誓休戚与共，这种在战斗前夕由市民们宣誓成立的联合组织正是第一个城市公社的基本特征。

然而公社的成功只是昙花一现。主教闻讯以后急忙赶回，并且终于暂时恢复了他的权势。但是康布雷人的创举立即引起人们效法。以后几年中在法兰西北部大多数城市建立了公社组织：1080 年左右在圣康坦，1099 年左右在博韦，1108 至 1109 年在努瓦荣，1115 年在拉昂。在初期，市民阶级和主教经常处于敌对状态，可以说处于临战状态。在双方都深信自己有充分理由的敌手之间只有武力才能解决问题。夏尔特尔的伊韦劝告主教们不要让步，并且认为他们在暴力威胁下对市民所许的诺言是无效的。[②]诺让的吉贝尔也以轻蔑和仇恨的态度谈到农奴为摆脱领主的权势

① 赖内克：《康布雷市史》(马尔堡，1896 年)。

② H. 拉邦德：《博韦及其公社制度史》，第 55 页。

和剥夺领主最合法的权利而成立的“瘟疫性的公社”。[①]

然而，尽管如此公社还是取胜了。公社不仅由于人员众多而有力量，并且王室对公社的事业感到兴趣（在法兰西，自路易六世统治时起，王室开始重新得势）。正如教皇们在同德意志皇帝们的斗争中依靠过伦巴第的帕塔兰一样，12 世纪卡佩王朝的君主们支持市民阶级的努力。

或许这不能说君主们有一项原则性的政策。乍看起来他们的行为似乎充满了矛盾。他们的总的倾向是支持城市，这一点仍然是毋庸置疑的。由于考虑到本身显而易见的利益，王室不得不非常急切地支持高度发展的封建制度的敌手，所以每当能够支持市民阶级而又不受到牵累时，王室就予以支持，因为市民阶级起来造他们的领主的反，实际上是为王室的特权而战斗。把国王当做他们的争端的仲裁者，对于斗争双方来说就是承认君权。因而市民进入政治舞台的结果削弱了封建国家的契约原则而有利于君主国家的专制原则。王室不可能不懂得这一点并抓住一切机会向公社表示好意。公社实际上是在为王室而奋斗，虽然它并未有意这样做。

尽管有人把通过暴动而建立城市制度的法兰西北部主教管辖城市特别名之为“公社”，但是应该注意不要夸大它们的重要性和独创性。没有理由说在公社城市和其他城市之间存在基本的差别。它们仅在次要的特征方面彼此有所不同。归根结蒂它们的性质是一样的，其实都是公社。事实上在所有的城市中市民都组成

① 诺让的吉贝尔：《生活杂记》，G. 布尔甘校注，第 156 页（巴黎，1907 年）。

一个社团——全城公会(universitas)、共同体(communitas)、公社,其全体成员相互依赖,构成一个整体中不可分离的各个部分。所有中世纪的城市,无论解放如何得来,都不是由一群乌合之众所组成。中世纪的城市本身是一个个体,但是一个集体的个体,即一个法人。严格意义上的公社可能要求得到的全部东西是:独具特色的组织制度,主教的权利同市民的权利明确分开,以及通过强有力的合作组织专心致志于保卫市民的地位。但是所有这一切是由这些公社诞生时所处的环境所产生的。虽然这些公社保留着暴动组织的痕迹,但是不能够为此在所有城市之中给予这些公社一种特殊地位。甚至可以看到,与一些仅仅通过和平演变而出现公社的地方相比较,某些通过暴力产生的公社所享受的特权的广泛程度还小一些,审判权和自治权还不如那些地方完全。有时候有人将"集体领地"这个名字专门用于通过暴力产生的公社,这显然是错误的。下文将谈到所有充分发展的城市都是这样的领地。

因此,暴力在建立城市制度方面远非必不可少的。在大多数从属于世俗王侯的城市中,城市制度的成长一般来说无需借助于暴力。不应该将这种情况归因于世俗王侯对政治自由有什么个人的好意。但是促使主教反对市民的动机对于大封建主来说并不存在。他们对于商业没有任何敌意;反之,商业加速了他们地区内的商品流通,从而增加了商品通行税卡的收入和铸币厂的工作(铸币厂必须满足日益增长的对于货币的需要),所以他们逐渐受到商业的好处。因为他们没有首府,经常在其领地内巡回,只是偶尔住在他们的城市,所以他们没有理由与市民们争城市的管理权。巴黎是 12 世纪末期以前惟一可以看作是一个真正的首都的城市,巴黎未能获得自治城市组织，这一点是很能够说明这个问题的。促使法兰西国王保持对其常驻地的控制的关切之心，公爵和伯爵们是完全没有的，因为国王深居简出，而他们则漂泊不定。最后，他们不可能以不愉快的心情看见市民阶级向城堡主夺权，因为城堡主已经成为世袭的，他们的力量使王侯们感到不安。总之，他们有与法兰西国王同样的动机对城市表示好感，因为城市削弱了他们的封臣的地位。然而我们并未见到他们有意地给予城市以援助。一般来说他们只限于听之任之，他们的态度几乎总是善意的中立。

没有任何地区比佛兰德尔更为适合于研究纯粹世俗环境的城市起源问题。在这个从北海沿岸和西兰群岛绵延到诺曼底边界的大伯爵领地中，主教管辖的城镇不比其他的城市发展得快。泰鲁阿纳(其主教管区包括伊塞河流域)就始终是一个半农村的小镇。虽然阿拉斯和图尔内(其宗教审判权扩及所在地区的其余地方)变成了大城市，然而却是10世纪时形成活跃的商人聚居地的根特、布鲁日、伊普雷、圣奥梅尔、里尔和杜埃使我们有可能特别清楚地观察城市制度的诞生。这些城市之所以更为适合于研究这个问题，那是因为这些城市都是用同样的方式组织起来，属于同样的类型，每个城市给我们提供一部分情况，我们就可以准确无误地将其组合成一整幅图画。[①]

所有这些城市首先表现出来的一个特点是：它们都是环绕一个可以说是它们的核心的中心城堡形成起来的。在这个城堡的脚

① H.皮雷纳：《十二世纪以前佛兰德尔的城市》〔《东部和北部年刊》，第1卷(1905年)，第9页〕；《尼德兰的古代民主政治》，第82页；《比利时史》，第1卷(第4版)，第171页。

下居民聚集形成一个港口即新堡，那里住满了商人，自由的或农奴出身的工匠加入进去，从11世纪起呢绒工业集中到了那里。城堡主对城堡和港口行使权力。移民所占用的土地有相当多的地段属于修道院，其余的属于佛兰德尔伯爵或领主们。一个执行吏法庭设于城堡之内，由城堡主主持。然而这个法庭的权能一点也不适合于城市。它的审判权扩及以城堡为中心的整个城堡地区。组成这个法庭的执行吏们居住在这个城堡地区，仅在庭审的日子来到城堡。很多案件属于教会审判权的范围，那必须去到主教管区的主教法庭。各种各样的义务压在城堡和港口的土地和居民的头上：地租，用以维持担任城堡防卫任务的骑士的给养的贡赋（货币或实物），以及向所有由陆路或水路运来的商品征收的通行税。所有这一切由来已久，形成于领地和封建制度鼎盛时期，而丝毫不适合于商人的新的需要。设在城堡里的机构不是为商人建立的，不仅对他们没有帮助，相反妨碍他们的活动。过去的残余沉重地压在现在的需要之上。显然，由于前面已经阐述而无需再谈的理由，市民阶级感到处处掣肘，要求为他们的自由发展所必需的改革。

这些改革必须由他们主动争取，因为他们既不能指望城堡主也不能指望他们占用其土地的修道院和领主们来实现改革。但是，在像港口那样混杂的居民之中也必须有一批人受到群众的拥戴，有足以领导群众的力量和威信。从11世纪上半叶起，商人们坚定地承担起这项任务。他们不仅是每个城市中最富有、最积极和最渴望变革的成分，而且他们还拥有行会给予的力量。如前所述，商业的需要早就促使他们组成称为基尔特或汉萨的行会——不依附于任何权力的自治团体，在那里只有他们的意志才是法律。

自由选举产生的首领，即长老或汉萨伯爵(dekanen，hansgraven)，注意维护自愿接受的纪律。同仁们定期聚会，饮酒并商议与他们的利益有关的问题。大家合力建立一个财库满足行会的需要；一个会馆即基尔特大厅(gildhall)作为开会的地方。1050年左右圣奥梅尔的基尔特已经是这样。可以设想，非常可能同一时期在佛兰德尔的所有商人聚居地存在着类似的行会。[①]

商业的繁荣与城市的组织是否良好存在着非常直接的关系，所以基尔特的同仁不能不主动地负责供应城市最不可少的必需品。城堡主没有任何理由阻止他们用自己的财力供应明显急需的用品。可以说城堡主让基尔特很快成为非正式的公社管理机关。在圣奥梅尔，基尔特和城堡主维尔弗里·拉贝(1072—1083年)之间达成一项协议，允许基尔特照管市民阶级的事务。就这样，没有任何法律的根据，商人行会主动地从事于新生城市的建立与管理。它的主动性弥补了政府的无能。圣奥梅尔的基尔特将其部分收入用于防御工事的构筑和街道的维修。毋庸置疑，圣奥梅尔的近邻即其他的佛兰德尔城市也是同样的情况。里尔城的司库在整个中世纪都名为“汉萨伯爵”，在没有古代原始资料的情况下，这一点就充分证明在那里商人行会的首领们也从基尔特的财库里拿出钱来造福他们的同乡。在奥德纳尔德，直到14世纪都有一名公社的长

① G. 埃斯皮纳斯和H. 皮雷纳:《圣奥梅尔商人基尔特的惯例》(《中世纪》，1901年，第196页)；H. 皮雷纳:《伦敦的佛兰德尔的汉萨》(《比利时皇家学院通报·文科类》，1899年，第65页)。——关于英格兰的基尔特的作用，请对照Ch. 格罗斯的基本著作:《商人基尔特》(牛津，1890年)。还见K. 黑格尔:《日耳曼各民族的城市和基尔特》(莱比锡，1891年)；H. 范·代·兰当:《中世纪尼德兰的商人基尔特》(根特，1890年)；C. 克恩:《汉萨伯爵》(柏林，1893年)。

官称为“汉萨伯爵”。在图尔内，在 13 世纪时城市的财政仍由圣克里斯托夫互济会即商人基尔特管理。在布鲁日，由汉萨的兄弟们的捐助维持城市的财库，直到 14 世纪民主革命时该城汉萨不复存在时为止。显然由此所产生的结果是基尔特成为佛兰德尔地区城市自治的发起者。基尔特自动地担当起其他人所不可能完成的任务。正式来说基尔特无权这样做。基尔特之所以能够这样做仅仅由于它们同仁之间的团结，它们团体所享有的威望，它们团体所拥有的财力，最后还由于它们团体对市民阶级集体需要的了解。可以毫不夸大地说，11 世纪时基尔特的首领们事实上在每个城市中执行着公社长官的职责。

或许也正是他们使得佛兰德尔的伯爵关心城市的发展和繁荣。从 1043 年起，博杜安四世得到圣奥梅尔的修士的重要让步，据此市民建起自己的教堂。从弗里斯兰人罗贝尔统治时期(1071—1093 年)起，免除商品通行税、让与土地、限制主教的审判权或减轻兵役义务的特权已经大量地授予正在形成中的各个城市。耶路撒冷的罗贝尔赐予埃尔城以“自由”，并于 1111 年免除伊普雷市民的裁判决斗。

由此所产生的结果是市民阶级在伯爵领地的居民中逐渐显出是一个与众不同和享有特权的阶级。市民阶级由一个从事商业和工业的普通社会集团变成一个就这样为王侯政权所承认的合法集团。他们有了这种恰当的法律地位，就必然要授予他们一个独立的司法组织。

新的法律必须有新的法庭作为执法机关。旧的地方执行吏法庭设置在城堡内，根据陈旧过时的习惯法审判，这种习惯法的刻板的形式主义不可能适应它原非为之制定的一种社会环境的需要，因此旧的执行吏法庭必须让位于一种新的执行吏法庭：它的成员从市民中选聘，能够行使一种满足他们的要求、符合他们的愿望的司法——总之是他们的司法。我们不可能精确地说出这件重大的事情是什么时候完成的。就我们所占有的材料，在佛兰德尔最早提到城市执行吏法庭，即适合于城市的执行吏法庭，是在 1111 年，那是阿拉斯的事情。但是可以相信，这种类型的执行吏法庭在同一时期一定早已存在于根特、布鲁日或伊普雷这样一些更为重要的地方。不过不管怎么说，12 世纪初在佛兰德尔的所有城市都建立起这种重要的新生组织。1127 年好心的查理伯爵遭暗杀以后出现的动乱，使市民阶级得以全部实现他们的政治纲领。伯爵领地的觊觎者诺曼底的威廉和以后阿尔萨斯的蒂埃里为争取市民阶级的支持，接受了市民阶级提出的要求。

1127 年授予圣奥梅尔的特许状可以视为佛兰德尔市民阶级的政治纲领的终极。[①] 该特许状承认城市为独特的司法地区，拥有为全体居民所共有的特别法律、特别的执行吏法庭和充分的公社自治。12 世纪时另一些特许状承认该伯爵领地的所有主要城市享有类似的特许权。从此以后城市的地位得到书面证书的保证和认可。

然而必须注意不要夸大城市特许状的重要性。无论在佛兰德尔或欧洲任何其他地区，特许状并不包括全部城市法。[②] 它们只

① A. 吉里：《圣奥梅尔市史》，第 371 页。

② N. P. 奥托卡尔：《法国城市史试编》。

限于确定城市法的主要轮廓，提出城市法的某些主要原则，解决某些特别重要的争端。在多数情况下它们是特定环境的产物，只考虑到草拟时正在争论的问题。它们不能看作是例如像近代宪法那样经过有步骤的工作和立法的讨论而产生的。市民阶级之所以在几个世纪中以特别关切的心情守护着这些特许状，藏诸保险柜加上三道锁，而且以一种近乎迷信的尊敬对待它们，那是因为特许状是他们的自由的保护神，如果出现违反的情况，特许状可以为他们的反叛辩护，而不是因为特许状包括了他们的全部法律。可以说特许状只不过是他们的法律的框架。围绕着特许状的条款存在着并且将继续不断地发展起大量的习惯法、惯例和不成文的然而必不可少的特权。

这种情况是千真万确的，所以许多特许状本身就预见到并且预先承认城市法的发展。加尔贝告诉我们，佛兰德尔伯爵于1127年授予布鲁日的市民“ut die in diem consuetudinarias leges suas corrigerent”[①]，即随时补充其城市习惯法之权。因此在城市法中有比特许状所包含的多得多的内容。特许状只确定了城市法的片段，它有许多空白之处；它既不考虑顺序也不考虑体系。我们不可能期望如同十二表法演进成为罗马法那样在特许状中也发现以后法律演进的基本原则。

然而通过考证这些特许状提供的材料，相互进行补充，我们可以粗线条地描绘出12世纪在欧洲西部不同地区发展起来的中世

① 布鲁日的加尔贝：《佛兰德尔伯爵，好心的查理遇害始末》，H. 皮雷纳校注，第87页。

纪城市法的特征。因为我们仅仅想要勾画出大的轮廓,因此无需考虑各国甚至各民族之间的差异。城市法是和其他法律(例如封建制度的法律)具有同样性质的现象。城市法是一切民族所共同的一种社会和经济状况的产物。从各个国家来看自然可以指出很多细节上的差别。某些地方城市法的发展比其他某些地方快得多。但是就其实质而言,各地城市法的发展情况都是一样的,下面将仅仅谈及这些共同的实质。

首先应该考虑的是,当城市法发展到最后阶段时人的身份问题。这种身份是自由的身份。这是市民阶级必要的和普遍的属性。每个城市在这方面都享有"特许权"。农奴身份的一切痕迹在城市的墙垣之内消失。尽管财富的多寡造成人与人之间的差别甚至鲜明的对比,然而在身份方面人人都是平等的。德意志的谚语说:"城市的空气使人自由"(Die Stadtluft macht frei),这条真理适合于所有的地方。从前自由为贵族所垄断;普通的人只在例外的情况下才享有自由。由于城市,自由恢复了它在社会中作为公民的天赋属性的地位。从此以后只要居住在城市的土地上就可以获得自由。每个在城墙内住满一年零一天的农奴,就确定无疑地享有了自由。时效取消了他的领主对他本人和他的财产所拥有的一切权利。出身如何无关紧要。无论婴儿在摇篮之中带着什么烙印,这种烙印在城市的空气中消失。自由在开始时仅为商人在事实上所享有,而现在则成为全体市民依法享有的共同权利。

尽管这里或那里在市民之中可能还有少数的农奴,他们并不是城市公社的成员。他们是修道院或领地的世袭奴仆,这些修道院或领地在城市中保留着少量不受城市法制约的土地,在那里旧

的事态还在继续着。而这种例外的情况正好证实了一般的规律。市民和自由民成为同义词。自由在中世纪是与一个城市的公民资格不可分割的属性,正如今天是与一个国家的公民资格不可分割的属性一样。

在城市中土地自由与人身自由同时产生。在商人聚居地中,土地实际上不可能由于那些妨碍土地的自由让与、阻止土地作为信贷工具并获得资本价值的刻板繁缛的法律,而始终固定不变并置于商业之外。因为城市内土地的性质改变了,所以土地自由益发不可避免。土地变成了建筑的地面。地面上迅速盖满了鳞次栉比的房屋,土地的价值随着房屋的增多而逐步提高。因此自然而然地出现这样的情况:久而久之房屋的主人获得了建房所占用土地的所有权,至少是持有权。到处旧的领地的土地变成了自由地产即自由租地。城市的租地就这样成为自由的租地。占用土地的人如果本身未成为土地的所有者的话,他也只有向土地所有者缴纳租金的义务。他可以将土地自由地遗赠、让与、出租以及作为他借入的资金的抵押品。当一个市民用房屋作为抵押向别人借款时,他可以得到所需的流动资金;当别人用房屋作为抵押向他借款时,他可以得到与借出的款项相应的收益:用今天的话说就是贷款取息。因此与旧的封建的即领地的租地相比,城市法中的租地——在德意志称为城区或城堡法租地,在法兰西称为城堡租地——有非常明显的新颖之处。在新的经济条件之下的城市土地终于获得了适合于它的性质的新的法律。旧的土地法庭或许并未一下子消失。土地解放的结果并不是剥夺旧领主的土地。除非有人赎买,否则他们仍然保留所领有的土地。但是他们对于土地还

行使着的领主权,不再造成自由租地持有者对他们的人身依附。

城市法不仅取消了个人的奴隶身份和土地的奴役状态,而且取消了阻碍从事工商业的领主权利和税收。商品通行税给货物的流通增加了非常沉重的负担,为市民所深恶痛绝,早就力争摆脱之。加尔贝的日记告诉我们,这就是1127年佛兰德尔市民关心的主要问题。正因为僭越者诺曼底的威廉没有履行答应他们的放弃商品通行税的诺言,他们起来造他的反,并且招来阿尔萨斯的蒂埃里。在12世纪时各地的商品通行税都自愿地或被迫地修改了。有些地方以缴纳年金的办法赎买商品通行税;有些地方改变了征收方式。几乎无论哪种情况,商品通行税都差不多完全置于城市当局的监督权和审判权之下。这时城市的长官们负责商业的管理,代替旧的城堡主和领地官员规定度量衡标准,管理市场并且监督工业。

如果说商品通行税是在移交给城市政权的过程中发生变化的,其他的领主权利则是另外的情况,这些权利与城市生活的自由运转不相容,因而无可挽回地注定要消失。我想在这里谈谈农业时代留在城市外貌上的一些痕迹:付税后方可使用的公共炉灶和磨房,领主强迫居民在那里磨麦子和烤面包;各种各样的垄断权,据此领主享有在某些时间无人竞争地出售他的葡萄园的酒和他的家畜的肉的特权;住宿权,规定当领主在城里逗留时,市民有向他提供食宿的义务;征用权,据此领主可将居民的船只或马匹拨归自己使用;召兵权,规定居民有跟随领主去打仗的义务;各式各样和各种起源的惯例,因为它们从此以后再无用处,所以成为压迫人和使人恼火的,例如禁止在

河流上建桥的惯例或者强迫居民提供组成旧堡戍军的骑士们的给养的惯例。所有这些到了12世纪末差不多只留下一点回忆了。领主们在试图抵抗之后终于让步。久而久之他们认识到他们显而易见的利益在于不要为了保留一点微小的收入去阻碍城市的发展，而是要排除城市发展道路上的障碍，促进城市的发展。他们终于理解到这些旧的贡赋予新的事态之间的矛盾，而且终于自己也称这些贡赋为“抢劫”和“勒索”。

如同人的身份、土地制度和税收制度一样，法律的内容本身也在发生变化。错综复杂和形式主义的司法程序，宣誓保证人[①]、神意裁判、裁判决斗，所有这些常常任凭偶然和欺诈决定案件的判决的原始作证方法，不久就该轮到它们来适应城市环境的新情况了。随着经济生活变得越来越复杂和活跃，根据习惯法采用的官样文章的旧契约逐渐地消失了。裁判决斗在商人和工匠居民中间显然不能长期保留。同时可以看到，在城市长官法庭上，证人作证很早便代替了宣誓保证人作证。古老的偿命金代之以罚款和肉刑的制度。最后，审判时限原来很长，也大大地缩短了。不仅司法程序修改了，法律内容本身同时也在演变。为着讨论婚娶、继承、动产抵押、债务、不动产抵押，特别是讨论商业法的问题，一个全新的立法机关正在城市中形成，而且城市法庭的判例越来越丰富和精确，产生了民事习惯法。

城市法不仅从民事观点来看，而且从刑事观点来看，也同样具有特色。在像城市那样四方杂聚的地方，在那种充满背井离乡的

① 宣誓保证人，指宣誓保证被告无罪者。——译者

人、流浪汉和冒险者的环境中，为了维持治安，严格的法纪是不可少的。在任何文明社会中盗匪总是被吸引到商业中心，为了慑服盗匪，严格的法纪也是不可少的。情况确实如此，所以早在加洛林时代城镇看来已经享有特别的治安，最富裕的人在城镇的墙垣之内寻求避难所。[①] 我们发现，正是治安这同一个词，在 12 世纪时用来称谓城市的刑法。

这种城市刑法是一种特别法，比农村的刑法更加严厉和残酷。它大量使用肉刑：绞刑、斩首、宫刑、肢解。它极其严格地应用同等报复法：以眼还眼，以牙还牙。显然企图通过恐怖手段压制不法行为。任何人进入城市的大门，无论是贵族还是自由民即市民，一律要服从于刑法。由于刑法的作用，城市可以说经常处于戒严状态。但是刑法也是城市实现统一的强有力的工具。因为它凌驾于分割这片土地的各种审判权和领主权之上，迫使所有这些审判权和领主权服从于它的无情的法规。它比利益和居住的一致性更有助于使定居在城墙内的所有居民人人平等。市民阶级主要是全体维护治安的人。城市的治安（pax ville）同时也是城市的法律（lex ville）。象征城市的审判权和自治权的标记首先是治安的标记：举例来说，这样的标记有市场上的十字架或台阶、钟楼（Bergfried，它的钟塔竖立在尼德兰和法兰西北部城市之中）以及罗兰[②]的塑像（这在德意志北部是很多的）。

城市由于它所具有的治安而形成一个独特的司法地区。由于

① 《法兰克王国敕令汇编》，波雷提乌斯校注，第 2 卷，第 405 页。

② 罗兰（Roland），中世纪传说中的英雄。著名史诗“罗兰之歌”的主人公。——译者

治安，领土权的法理压倒了人的身份的法理。市民们由于平等地服从于同一种刑法，必然迟早分享同一种民法。城市的民事习惯法普施到治安所及之处，城市在其墙垣之内形成一个法律共同体。

另一方面，治安大大有助于使城市成为公社。实际上治安要通过誓约来保证。治安以全城居民的集体宣誓作为前提条件。市民的誓言并不限于简单地承诺服从于城市的权力，还涉及一些严格的义务，并且规定维护和使人不妨碍治安这项严格的责任。每个juratus，即每个宣过誓的市民，必须向要求援助的市民伸出援助之手。于是治安在全体成员之间建立起经久的团结。因此兄弟这个词（市民有时称为兄弟），或友谊这个词（例如用于里尔），成为治安的同义语。既然治安扩及到全城居民，那么他们也就在建立一个公社。许多地方的城市长官的称号本身——在凡尔登称为“治安的护卫者”，在里尔称为“友谊的护卫者”，在瓦朗西安、康布雷和其他很多城市称为“治安的管事”——使我们看到治安与公社之间存在着多么紧密的关系。

城市公社的诞生自然还有其他的原因。其中最重要的原因是市民阶级很早就感到需要有一项税收制度。怎样得到为修筑最必需的公共工程（首先是修筑城墙）所需的款项呢？需要修建防护壁垒在各地都是城市财政的出发点。在列日地区的城市，直到旧制度结束之时，公社的税收有一个独特的名称：“坚固”（firmitas）。在昂热，最古老的城市账目是城市的“修建墙垣，构筑工事，准备防务”。其他地方拨出一部分罚款用于构筑工事。但是税收自然是公共收入的主要部分。为使纳税人服从，必须借助于强制办法。每个人必须根据自己财产的多少分担为全城利益所需的费用。谁拒不承担这些费用，即应驱逐出城。因此城市是一个强制性的联合组织，即一个法人。照博马努瓦尔的话说，城市形成一个“Compaignie, laquelle ne pot partir ne desseurer, ançois convient qu'elle tiègne, voillent les parties ou non qui en le compaignie sont”[①]，即一个不可以解散的团体，无论其成员愿意与否，它必须存在下去。这就是说，城市既是一个司法地区又是一个公社。

城市的性质决定它必然有一些需要，为满足这些需要必须设立一些机构，这里还要研究一下这些机构的问题。

首先，作为一个独立的司法地区，城市必须得拥有自己的审判权。城市法限于城墙之内，与地区的法律即城外的法律迥然不同，所以必须有一个专门的法庭负责城市法的执掌，公社的特权地位也必须赖以得到保障。几乎在任何城市特许状中都不会没有这样一项条款：市民阶级只能受他们自己的地方长官审判。因此地方长官必须从市民阶级中选任。他们必须是公社的成员，这是必不可少的一条。公社在相当大的程度上参与对他们的任命。在这里，公社有权向领主指派地方长官；在那里，实行一种比较自由的选举制度；在另外的地方，又使用一些复杂的手续：分级选举、抽签等等，目的显然在于排除阴谋诡计和行贿贪污。法庭的庭长（总管、长吏等），通常是领主的一名官员。可是有时由城市确定人选问题。无论如何，该庭长必须在其宣誓中向城市保证尊重和保卫城市的特权。

① 博马努瓦尔：《博韦的惯例》，第 646 节，萨尔蒙校注，第 1 卷，第 322 页（巴黎，1899 年）。

从12世纪初起，有的甚至在11世纪末，好几个城市似乎已拥有自己的特别法庭。在意大利，在法兰西南部，在德意志的几个地方，法庭成员被称为执政官；在尼德兰和法兰西北部被称为执行吏；在其他地方还称为管事。他们行使的审判权相当明显地因地而异。他们并非在各地都无限制地拥有审判权。有时领主将某些特别案件留归自己审理。但是这些地区性的差别无关紧要。基本的东西是：每一座城市由于被承认为一个司法地区，所以拥有自己特有的法官。法官的权限由城市法规定，并且限于城市法行使的地区之内。有时可以看到城市中并非只有一个单一的地方长官的机构，而是有几个这样的机构，各有其专门的职司。在许多城市，特别是在那些经过暴动建立起城市制度的主教管辖城市，可以看到，除了在相当大的程度上受领主影响的执行吏以外，还有一个由管事们组成的机构，审理有关治安方面的案件，特别是有权审理属于公社法令范围的案件。但是不可能在这里深入探讨细节问题：已经指出的一般的演进情况也就够了，不必去管无数的具体形态。

作为一个公社，城市由一个市政会（consilium，curia 等等）管理。市政会常常与法庭相叠合，同样一些人既是市民阶级的法官又是他们的行政官。市政会也常常独立存在。市政会成员所掌握的权力受之于公社。他们是公社的代表，但是公社并非大权旁落于他们之手。他们的任期很短，不可能篡夺委托给他们的权力。直到相当晚的时候，当城市组织发展了，管理工作复杂了，他们才形成一个名副其实的最高权力机构，人民对之只有微弱的影响。开始时则完全是另外一回事。负责照管公共福利事业的早期的管事们，仅仅是非常近似今天美国新英格兰地区市镇行政管理委员会成员的受委托人，只不过是集体意志的执行者。下述事实可以证明这一点：起初，他们缺少每个行政司法机构的一个基本特点，即一个权力的核心，亦即一个主席。公社的市长实际上是相当晚近的产物。在13世纪以前几乎不存在这种官职。它是属于这样一个时代的东西：在这个时代，城市制度的精神趋于改变，人们感到需要权力更加集中和更加独立。

市政会进行各个方面的日常行政管理工作。它负责财政、商业和工业的管理，决定和监督公共工程，组织城市的供应，管理公社军队的装备和风纪，建立儿童的学校，提供老贫救济院的经费。它颁布的法令成为名副其实的城市立法。我们只有很少13世纪以前阿尔卑斯山以北的城市法令。但是只要仔细研究这些法令，就可以深信这些法令不断发展和明确了一种较古老的制度。

或许市民阶级的革新精神和实际见识在行政管理方面比在任何其他方面都更加高度地显示出来。他们在这方面所做的工作似乎更加值得称赞，因为这是首创的东西。在以前的事态中没有东西可以作为模式，因为必须准备应付的一切需要都是新的需要。譬如试将封建时代的财政制度与城市公社建立的财政制度进行比较。在封建时代的财政制度中，税收只是一种贡赋，即不考虑纳税人的财力，只是压在人民身上的一种既定不变的义务，税收和征税的王侯或领主的领地收入混合在一起，而一点也不直接拨用于公共福利。反之，城市公社的财政制度既不承认例外也不承认特权。全体市民平等地享受公社的好处，也平等地有义务分担公社的费用。每人的分担额与其财产成正比。起初普遍地按收入计算。许多城市一直到中世纪末始终坚持这种做法。另外一些城市代之以消费税，即对消费品特别是食物所征收的间接税，因而富人和穷人根据各自的开支缴税。但是这种城市的消费税与古老的商品通行税丝毫没有联系。前者灵活而后者刻板；前者根据情况或公众的需要来改变，而后者一成不变。此外，无论采取什么形式，税收全部用于公社的需要。从12世纪末起建立了财政检查，从这个时期起可以看到有关城市会计的最早记载。

城市的供应和工商业规章的制订更为清楚地证明市民阶级在解决他们的生存条件向他们提出的社会和经济问题方面的才能。他们必须维持众多人口的生计，不得不从外面得到粮食；必须保护工匠免受外地的竞争；必须组织工匠的原料的供应并且保证他们的产品的输出。他们之所以能够达到这一步，是因为制订了非常完美地适合于所要达到目标的规章，简直可以认为是同类规章中的杰作。城市经济配得上与其同时代的哥特式建筑。城市经济从头到尾地创造了——也就是说前所未有地创造了——一套比历史上任何时代（包括我们的时代）更为完善的社会立法。城市立法通过取消买主和卖主之间的中间人，保证市民享受生活费用低的好处；毫不宽容地诉究欺诈行为；保护工人免受竞争和剥削；规定工人的劳动和工资；注意他们的卫生保健；规定学徒期；制止妇女和儿童参加劳动；同时成功地保持了城市向附近农村提供产品的垄断权；还成功地为城市的商业在远方找到出路。①

① 为着对这方面的城市规章的丰富程度有一个概念，应查阅G.埃斯皮纳斯的不朽著作：《中世纪杜埃的城市生活》（巴黎，1913年，第4卷）。

如果市民阶级的市民观念与摆在他们面前的任务不相称的话，上述所有一切都是不可能做到的。市民阶级对公共事务所表现出来的献身精神，确实必须追溯到古典时代方可找到同样的例子。12 世纪一份佛兰德尔的特许状称：Unus subveniet alleri tamquam fratrisuo（像兄弟一样相互帮助吧）！[1] 这句话说的确实是真实情况。从 12 世纪起，商人将其利润的很大一部分用来为同乡造福——建造医院，赎买通行税。利欲与地区观念在他们身上结合起来。每个人以他的城市为骄傲，并且自觉地献身于城市的繁荣。这是因为事实上每个人的生活紧密地依赖于城市公社的集体生活。中世纪的公社实际上具有今天的国家所具有的属性。公社保证每个成员的生命和财产的安全。在城市之外，他们则处于一个敌对的世界之中，危机四伏，听天由命。只有在城市之中他们才受到保护，因而他们对于城市有一种近乎热爱的感激之情。他们准备献身于城市的防务，同样他们总是准备将城市装点得比邻近的城市更加美丽。如果没有市民们的欣然捐献，13 世纪时修建起来的那些令人赞叹的大教堂则是不可想像的。它们不仅是上帝的神殿，它们还为城市争光，是城市的最美丽的装饰品。它们的巍峨的塔楼使城市名扬远方。大教堂之于中世纪的城市，正如庙宇之于古典时代的城市一样。

城市的排他性符合于地区观念的热情。由于每个城市当其发展到最后阶段都构成一个共和国，或者不如说构成一个集体领地，

① 1188 年埃尔市的特许状（瓦恩柯尼希：《佛兰德尔的城市和法律史》，第 3 卷，附录，第 22 页，图比贡，1842 年）。

所以它把其他城市视为对手或敌人。它不可能超越于本身利益范围之上。它只顾自己，对邻近城市的感情非常近似我们时代的民族主义，不过范围更加狭窄。使城市生气勃勃的市民观念是非常利己的。城市小心翼翼地将自己在城墙之内享有的自由给自己保留着。周围的农民对它来说似乎丝毫不是同乡。它只想到剥削他们以图利。它竭尽全力地防止农民从事由它所垄断的工业生产；它把供应的义务强加于农民；如果有力量，它就使农民屈服于一个专制的保护国。而且凡是能够这样做的地方，都这样做了，例如在托斯卡纳，佛罗伦萨将附近农村置于其奴役之下。

然而，我们在这里谈的是13世纪初期以后才充分地展现出来的事情。我们只要简略地指出了一种趋势也就够了，这种趋势在城市起源时期只不过刚刚显露出来。我们的意图不过是在描述了中世纪城市的形成之后，说明一下中世纪城市的特点。再说一遍，我们只可能勾画出了中世纪城市的主要轮廓，我们所描绘的中世纪城市的容貌好像拍摄重叠的肖像而得出的面孔。这个面孔的轮廓既与所有的肖像有共同之处，又不完全属于任何一个肖像。

如果想要在结束这过长的一章时，用一句话总结全章的要点，或许可以这样说：中世纪的城市从12世纪起是一个公社，受到筑有防御工事的城墙的保护，靠工商业维持生存，享有特别的法律、行政和司法，这使它成为一个享有特权的集体法人。

第八章 城市对欧洲文明的影响

城市的诞生标志着西部欧洲内部历史的一个新时期的开始。在此以前，社会只有两个积极的等级：教士和贵族。市民阶级在他们旁边取得了自己的位置，从而使社会得以补全，或者更确切地说，使之臻于完善。从此以后直到旧制度结束，社会的成分再无变化：社会具备了它的一切构成元素，几个世纪来社会所经历的变化，说真的只不过是由这些元素组成的合金的各种不同化合方式而已。

像教士和贵族一样，市民阶级本身也是一个特权等级。它形成一个与众不同的合法的阶级，它所享有的特别法使它与继续构成人口绝大多数的农村人民群众脱离。再者，如前所述，市民阶级竭力原封不动地保存它的特殊地位并且独占由此而产生的利益。按照市民阶级的想法，自由是一种专利品。没有什么比阶级观念更不宽容的，阶级观念在中世纪末成为市民阶级衰弱的原因以前，一直是市民阶级力量的源泉。然而，就是这个如此排他的市民阶级，承担了向周围传播自由思想并且促使（虽然并非有意）农村阶级逐渐解放的使命。其实，仅仅市民阶级的存在这一事实本身就必然立即对农村阶级产生影响，并且逐渐地缩小起初把市民阶级和农村阶级分开的差别。无论市民阶级怎样千方百计将农村阶级置于它的控制之下，拒绝让农村阶级分享它的特权，将农村阶级排斥于商业和工业活动之外，这一切都是徒劳的。市民阶级没有力量阻止事态的发展，它是这种事态发展的原因，除非它本身消失，否则它不可能制止这种事态的发展。

城市的形成立即动摇了农村的经济组织。在农村进行的生产在此以前仅仅用于维持农民的生活和提供向领主缴纳的贡赋。商业停止以后，没有什么理由促使农民向土地要求不可能卖掉的多余产品，因为再也没有销路。他们满足于应付每天的生活，确信有隔宿之粮，不盼望改善境遇，因为他们不可能想像出还有这种可能性。城镇和城堡的小市场太微不足道，再说需要的总是那些东西，因此不足以激励农民摆脱常规加紧劳动。但是现在这些市场热闹起来，买主的数目大增，农民立即确信他们拿到市场去的农产品可以卖掉。他们怎会不利用这样的大好机会呢？只要他们生产得出来，想卖多少都行。他们立即耕翻以前任其荒芜的土地。他们的工作具有新的意义，使得他们能够赚钱、积蓄和过着愈勤劳愈舒适的生活。由于土地收入的增加部分属于他们本人，所以他们的境遇更好。因为向领主缴纳的赋税是按照领地的惯例固定在不变的比率上的，所以土地收益的增加仅对佃户有好处。

但是领主自己也有办法从城市的形成给农村带来的新形势中得到好处。他们保留有大量的未耕地、树林、荒野、沼泽或欧石南丛生地。事情再简单不过了，只要将这些土地加以耕种，并且拿这些土地的产品投入新的销路也就行了。随着城市的逐渐扩大和增多，这些新的销路越来越有利可图。人口的增长提供了垦荒和排水工作所必需的劳动力。人是招之即来。从 11 世纪末起，这个运动看来已经蓬勃开展起来。修道院和地方王侯从此以后将他们领地的贫瘠部分变成可以产生收益的土地。耕地面积自从罗马帝国末期以来未有增加,而这时不断地扩大。树林被清除。西斯特教团从一开始就走上这条新的道路。该教团明智地适应于新的事态,而不是为自己的土地保留旧有的领地组织。该教团采取大规模耕作的原则,并且因地制宜从事收益最大的生产。在佛兰德尔,那里的城市比较富有,需要的东西比较多,该教团就饲养大牲畜。在英格兰,该教团专门饲养绵羊,因为佛兰德尔的那些城市对羊毛的消耗量越来越大。

与此同时,世俗的和教会的领主们到处建立"新城"。这是对在处女地上建立起来的村庄的称谓,这些村庄的居民以缴纳年金的办法得到一块块的土地。这些新城的数目在 12 世纪时一直增加,它们也是"自由城市"。因为领主为着吸引耕作的人,答应对他们免除那些压在农奴身上的负担。一般来说,领主只保留对他们的审判权;对他们废除尚存在于领地组织中的老的权利。加蒂内省的洛里特许状(1155 年)、香巴尼的博芒特许状(1182 年)、埃诺省的普里谢特许状(1158 年),向我们提供了新城市特许状的特别引人注目的典型,这类特许状为附近地区所广泛采用。诺曼底的布勒特伊特许状也是这样,12 世纪时传到英格兰、威尔士地区,甚至爱尔兰的许多地方。

于是一种新型的农民出现了,完全不同于旧式的农民。后者以农奴身份为其特征;而前者享有自由。这种自由也是仿效城市的自由,产生这种自由的原因是农村组织受到城市的影响而出现的经济动荡。新城的居民其实是农村的市民。在许多的特许状中他们甚至被称为市民。他们得到显然是从城市制度中借用来的司法组织和地方自治，因而可以说城市制度逾越城墙扩散到农村，把自由传送到那里。

这种自由在进一步发展过程中，很快就渗入旧领地，那里过时的组织再也不能保持在经过革新的社会之中。或者通过自行解放，或者通过时效或僭取，领主们让自由逐步代替长期以来作为他们佃户的正常身份的农奴身份。土地制度改变的同时，人的身份也改变了，因为两者都是一种正在消失的经济状态的产物。长期以来领地竭尽全力自给自足的所有必需品，现在商业都可以供应。再没有必要每个领地都生产自己用的一切物品，只要到附近城市去就可以买到。尼德兰的修道院的施主们曾将位于法兰西或者莱茵河和摩泽河沿岸的葡萄园捐赠给修道院生产供其消费的葡萄酒，从 13 世纪起修道院出卖这些产业，因为已无用途，以后经营和维修的费用比收益还高。①

这个例子再好不过地说明，在一个为商业和城市经济所改变了的时代，旧的领地制度必然消失。商品流通变得越来越快，必然有利于农业生产，打破在此以前束缚着它的桎梏，把它吸引向城市，使它现代化，同时使它获得解放。商品流通使人摆脱长期奴役他的土地。商品流通越来越广泛地使自由劳动代替农奴劳动。也只有远离通商大道的地区，旧的人身奴役以及与之相联系的领地所有制的旧形式还是和原来一样严格地长期存在着。在其他各

① H. 范·韦弗克：《中世纪初期比利时的宗教机构如何得到葡萄酒?》〔《比利时语史和历史杂志》，第 2 卷(1923 年)，第 643 页〕。

地，由于城市越来越多，人身奴役也就消失得越来越快。例如在佛兰德尔，13 世纪初期人身奴役就几乎不存在了。当然还留有某些残余。直到旧制度结束之时，在这里或那里仍有服从于永远管业权[①]或被迫服徭役的人以及负担着领主的各种权利要求的土地。但是，这些过去的残余只有纯粹经济上的意义。几乎总是缴纳捐税而已，纳税的人还是同样地享有完全的人身自由。

农村阶级的解放仅仅是经济复兴所造成的后果之一，城市既是经济复兴的结果也是经济复兴的工具。在经济复兴的同时流动资本的重要性日益增大。在中世纪的领地时期，除了地产以外别无其他财富。地产确保持有者的人身自由和社会威望，是教士和贵族的特权地位的保证。只有他们才能持有土地，他们的生活依靠佃户的劳动，他们保护和统治佃户。群众处于农奴地位是这样一种社会组织的必然结果，在这种社会组织中，要么占有土地成为领主，要么耕种土地成为农奴，除此别无选择。

但是随着市民阶级的出现，有一类人跃踞显要位置。他们的生活方式与这种状态是大相抵触的，因为他们不折不扣地是一类离乡背井的人。然而他们却是一类自由的人。至于他们所定居的土地，他们既不耕种，而且也不归他们所有。他们日益有力地显示和证明单凭经售即生产交换价值就可以生活和致富。

过去只有土地资本，而现在除土地资本以外流动资本的力量显示出来了。在此以前货币是不产生利润的。世俗的和教会的大

① 永远管业权(le droit de morte-main)，指领主对农奴遗产的永远管业权，即世袭农奴死后无法确定继承人，其产业归领主。——译者

领主手中垄断着极少量的流通货币，这或是他们向佃户征收的地租，或是教徒给予教堂的施舍，他们在正常情况下无法使货币产生利润。或许有时出现这样的情况：有些修道院在饥馑时刻同意向处境拮据的贵族放高利贷，后者以其土地作为抵押。[①] 但是这种交易在其他情况下是为教规所禁止的，所以不过是权宜之计。在一般情况下，银币被其持有者积攒起来，而且常常变成教会的器皿和装饰品，需要的时候将其熔化。商业解放了那些被禁锢的银币，恢复其原来的用途。由于商业，货币又变成交换的工具和衡量价值的单位。因为城市是商业的中心，货币必然地大量流向城市。由于以货币为工具的交易的数量增加，货币的流通率提高。同时货币的使用也逐渐普遍起来，实物支付逐渐为货币支付所代替。

出现了一种新的财富的概念：商人的财富的概念，不仅包括土地，而且包括货币和可用货币估价的商品。[②] 从 11 世纪起，在许多城市中已经存在着名副其实的资本家。前面已经举了几个例子，这里无需再讲了。不过这些城市资本家很早就将其部分利润投资于土地。实际上巩固他们的财产和声望的最好办法是购置土地。他们将其部分营利用于购置不动产，首先就在他们居住的城市，然后在乡村。然而他们尤其是变成放债人。商业闯进社会生活所造成的经济骤变，使得不能适应这种情况的领主破产或拮据。这是因为经济骤变加速了货币流通，结果使得币值降低，从而提高了所有物品的价格。城市形成的那个时期是生活费用很高的时

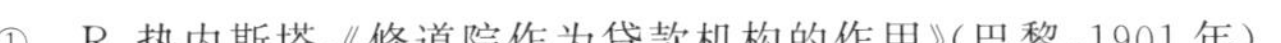

① R. 热内斯塔：《修道院作为贷款机构的作用》（巴黎，1901 年）。

② H. 皮雷纳：《资本主义的社会史的各时期》（《比利时皇家学院通报 · 文科类》，1914 年，第 269 页）。

期，这个时期对于市民阶级的商人和工匠有利，而对于不能增加收入的土地持有者是难受的。从11世纪末起，他们之中的好些人为了生活下去不得不求助于商人的资本。在1127年，圣奥梅尔的特许状中作为一种流行的做法提到附近的骑士向该城市民签约借款的事情。而且数目大得多的借贷活动这个时期已经在进行。能够提供大宗借款的富商不乏其人。1082年左右，列日的一些商人借钱给圣于贝尔修道院的院长，使得他能够买下舍维尼的土地；并且几年以后他们又借钱给奥特贝尔主教，在戈德弗鲁瓦公爵将要出发进行十字军远征时，买下他的布荣城堡。[①] 在12世纪时，国王们自己也仰仗城市金融家的帮助。威廉·凯德是英王的债主。[②]在佛兰德尔，当菲利普·奥古斯都统治初期，阿拉斯出类拔萃地成为一座银行家的城市。布列塔尼的纪尧姆把这座城市描写为钱财满盈，贪财好利，高利贷者麇集：

> Atrabatum... potens urbs... plena
> Divitiis, inhians lucris et foenore gaudens[③]

伦巴第的城市以及效法它们的托斯卡纳和普罗旺斯的城市在进行这种交易方面大大地超过阿拉斯，教会反对也是枉然。从13

① H. 皮雷纳：《资本主义的社会史的各时期》，第281页。

② M. T. 斯特德：《威廉·凯德，十二世纪的一位金融家》（《英国历史评论》，1913年，第209页）。

③ 布列塔尼的纪尧姆：《菲利普》（《德意志历史文献·著述》，第26卷，第321页）。

世纪初起，意大利的银行家已经将他们的活动伸展到阿尔卑斯山以北，他们在那里的进展如此地迅速，以致半个世纪以后由于他们的资本充足，方法比较先进，他们在各地取代了当地的放债人。①

集中在城市的流动资本的力量，不仅使城市在经济上具有重大影响，而且有助于使城市参与政治生活。当社会只有从土地的占有中衍生出权力时，就只有教士和贵族参加政府管理。封建等级制度完全建立在地产的基础上。采邑实际上只不过是一种租地，由此建立起来的封臣与宗主之间的关系，只不过是佃户与领主之间关系的一种特殊形态。惟一的差别在于封臣对宗主的义务是军事和政治性质的，而不是经济性质的。正如每个地方王侯需要他的封臣的协助和咨询一样，王侯们自己作为国王的封臣，也不得不对国王负有同样的义务。因此只有那些持有土地的人参加公共事务的领导。不过他们只是通过本人的作用来参加领导，用一句惯用的话来说，就是通过他们的咨询和协助。在土地资本仅仅用来维持其持有者的生活的时代，谈不上为满足宗主的需要而做出金钱上的贡献。或许封建国家最引人注目的特点就是财政的原始性。在这方面货币不起任何作用。王侯几乎只有领地的收入填充他的保险柜。他不可能通过税收增加财力。由于财政贫困，他不能任用可撤换的拿薪俸的代理人。他只有世袭的封臣而没有官员，他对封臣的权力只限于封臣的效忠誓言所规定的范围。

但是一旦商业复兴使得王侯能够增加他的收入，因而硬币开

① G. 比格武德:《中世纪比利时有关金融的司法和经济制度》(布鲁塞尔，1920年)。

始大量流进他的保险柜的时候，他就立即因势利导。12世纪时长吏的出现是政治进步的第一个征候，这将使得王侯的权力能够形成名副其实的政府，并且逐步将宗主权变成君权。这是因为长吏不折不扣地是一名官员。随着这种不以授予土地而以薪俸相酬劳的、必须每年报告管理工作情况的、可以撤换的人物的出现，一种新型的政府出现了。长吏处于封建等级制度之外。长吏的性质完全不同于旧的世袭的推事、总管或城堡主。两者之间的差别与旧的农奴租地和新的自由租地之间的差别是一样的。相同的经济原因同时改变了土地制度和人的管理方式。正如这些经济原因使农民获得解放，使领主把领地的份地变成征收年贡的土地一样，这些经济原因也使王侯们通过领薪俸的代理人夺取了他们封土的直接管理权。政治革新，像同时代的社会革新一样，以流动财富和货币流通的扩散为条件。如果看到下述事实，就不难信服上述看法的准确：佛兰德尔的商业生活和城市生活比尼德兰的其他地区出现得早，因此佛兰德尔早得多地建立了长吏制。

王侯们与市民阶级之间建立起来的联系也产生了意义极为重大的政治后果。有些城市由于财富日益增长，影响越来越大，并且在需要时可以建立一支由成千上万装备精良的士兵所组成的军队，对于这些城市不予以重视是不可能的。封建的保守派起初仅仅藐视城市民团的胆大妄为。弗赖辛根的奥托[①]看见伦巴第的公社社员头戴钢盔身披铁甲胆敢与红胡子腓特烈的高贵的骑士相对抗时，他感到义愤填膺。但是这些乡下佬在莱尼亚诺战胜皇帝的

① 弗赖辛根的奥托(Otto de Freisingen)，12世纪著名的历史学家。——译者

军队所取得的光辉胜利(1176 年),立即证明了他们能够干出一番什么样的事业来。在法兰西,国王们必然依赖他们的帮助。国王们以公社的保护者和公社自由的捍卫者自居,使人觉得君主的利益似乎与城市的特许权休戚相关。菲利浦·奥古斯都必定从这种圆通的政策中得到好处。在法兰西内部最终确立王权的优势并将法兰西的声威扩展到全欧洲的布维内战役(1214 年),很大程度上归功于各城市派遣的军队。

在同一时期英格兰城市的影响也是同样巨大的,虽然以非常不同的方式表现出来。在这里,城市不是支持王权,而是站在贵族一边起来反对王权。因此城市在准备创建议会政府方面做出了贡献,议会政府久远的源流可能要追溯到大宪章时期(1212 年)。

此外,并非仅仅英格兰的城市要求并且得到相当大程度的参政权。城市的自然倾向是成为城市共和国。毋庸置疑,如果城市有力量的话,城市是会到处成为国中之国的。然而只是在那些国家政权无力与城市的力量相抗衡的地方,城市的这种理想才能实现。

从 12 世纪起意大利的情况就是这样,稍晚在皇帝的权力最终衰落以后的德意志的情况也是这样。在其他各地城市未能动摇王侯们的权力,或者像英格兰和法兰西那样,王权十分强大,不可能在城市面前屈服;或者像尼德兰那样,地方主义使各城市不能将彼此的力量联合起来以赢得独立,即使赢得独立也会立即相互搏斗。因此一般来说城市仍然服从于地方政府。但是地方政府并不把城市当作普通臣民看待。地方政府有求于城市的很多,所以不能不尊重城市的利益。地方政府的财政收入大部分依靠城市,国家随着权限的扩大从而开支的增加，越来越经常地感到需要求助于市民的钱袋。我们已经看到，12 世纪时国家就向城市借钱。城市借钱并非不要保证的。它们清楚地知道冒着永远得不到偿还的巨大风险，因而要求新的特许权作为同意借款的交换条件。根据封建法律，宗主只可以向他的封臣征收某些确定的捐税，而且总是限于同样的几种。因此宗主不可能专制地迫使城市缴纳人头税，而且无论怎样急需也不可能向城市索取献纳金。在这方面城市特许状给予城市以最庄严的保证。因此宗主不得不同城市协商。王侯们逐渐地养成一种习惯，将市民招来参加高级教士和贵族会议，同他们共商大事。召开这种会议的例子在 12 世纪时还是很少的。在 13 世纪时例子增多。在 14 世纪时这种惯例以三级会议的制度最后法定下来。在三级会议中城市位居教士和贵族之后，虽然在地位方面居第三，但在重要性方面不久即居第一。

虽然如上所述城市对于 12 世纪时在西部欧洲出现的社会、经济和政治的变革具有非常深远的影响，但是乍看起来城市在知识的发展方面似乎未起任何作用。至少到 13 世纪末才见到从市民阶级中产生出来受着他们的精神激励的文学艺术作品。在那时以前，知识一直为教士所垄断，而且只使用拉丁语。用本国语写的文学作品只是有关贵族的事情，至少是表达贵族的思想和感情。建筑和雕刻只是在教堂的修建和装饰方面产生出一些杰作。商场和钟楼（最古老的样板追溯到 13 世纪初，例如毁于大战之中的伊普雷的令人赞美的商场）仍旧忠实于宗教建筑物的修筑风格。

然而如果仔细观察，可以很快发现城市生活确实对于丰富中世纪的精神财富做出了自己的贡献。或许城市文化受着实用观点的支配，在文艺复兴以前阻碍城市文化飞跃发展。但是城市文化从一开始就表现出专门的世俗文化的特性。从 12 世纪中叶起，市政会关心为市民阶级的儿童建立学校，这是古典时代结束以来的第一批世俗学校。由于有了这些学校，教育不再为修道院的初学修士和将来的堂区神甫所独享。文化知识为从事商业所必不可少，所以不再为教士所垄断。市民早在贵族之前初步学会了读和写，因为对于贵族来说仅仅是知识奢侈品的东西，对于市民来说却是日常的需要。教会必然立即要求对市立学校实行监督，这引起教会和城市当局之间的大量冲突。宗教问题自然与这些争端无关。这些争端的起因仅仅在于城市希望保持对这些学校的控制，这些学校是它们建立的，它们想要保持对这些学校的领导。

然而在文艺复兴时代以前，这些学校的教育限于初级教育。所有愿意深造的人不得不求学于教士办的学校。书记就是从这些教士办的学校里培养出来的。从 12 世纪末起，书记不仅起草公社生活所必需的各种法令并且负责城市的通信和会计工作。而所有这些书记都是在俗教徒，因为与王侯不同，城市从未使教士为其服务，教士根据他们享有的特权不受城市的管辖。城市的书记使用的语言自然首先是拉丁语。但是从 13 世纪初期起，他们越来越普遍地使用本国方言。在行政事务中首先采用本国方言的是城市，这种首创性完全符合于在中世纪文明中以城市为其杰出代表的那种世俗精神。

而且这种世俗精神与最强烈的宗教热忱结合起来。尽管市民阶级经常与教会当局发生冲突，主教们大量地宣判把他们逐出教会，市民阶级由于反击有时表现出相当明显的反教权倾向，然而市民阶级仍然为深切而热烈的信仰所激励。只需举出挤满在城市中的无数宗教建筑以及大量敬神团体和慈善团体就可以证明这一点。他们的虔诚带着天真、诚挚和无畏,易于越出严格的正统思想的范围。在各个时期他们都以其神秘主义的激情奔放显得与众不同。正是这一点在11世纪时使他们激昂地站在抨击西蒙式和教士结婚的宗教改革者一边;在12世纪时使贝吉纳派和贝加尔派的静修苦行主义在城市中传播;说明了在13世纪时为什么圣芳济会和多明我会的修士在城市受到热烈的欢迎。然而也正是这一点保证了宗教思想中一切新颖的、过分的和畸形的东西都在城市中获得成功。从12世纪起出现的异端邪说,无一不是在城市中有人皈依。这里只要回想一下阿尔比派在城市中传播之迅猛就足以说明了。

中世纪的市民阶级既是世俗的又是神秘主义的,因而他们为在将来的两个伟大思想运动中所要起的作用做好了非常充分的准备。这两个运动是:作为世俗精神产物的文艺复兴和宗教神秘主义所导致的宗教改革。

附录一　地名中外文对照表

本表列入书中所见之地名，有法、英、汉三种文字对照，按法语字母顺序排列。山川、海洋、岛屿在汉译中标出“山”、“河”、“岛”等字。外文一般从略，不能从略者列全名。

A

Adriatique Adriatic 亚得里亚海

Aire Aire 埃尔

Aix-en-Provence Aix-en-Provence 埃克斯-昂-普罗旺斯

Aix-la-Chapelle Aix-la-Chapelle 埃克斯-拉-夏佩勒

Alep Aleppo 阿勒颇

Alexandrie Alexandria 亚历山大

Alpes Alps 阿尔卑斯山

Alsace Alsace 阿尔萨斯

Altmühl Altmuhl 阿尔特米尔河

Amalfi Amalfi 阿马尔菲

Anderlecht Anderlecht 安德莱赫特

Angers Angers 昂热

Angleterre England 英格兰

Antioche Antioch 安条克

Arbe Arbe 阿尔伯

Arles Arles 阿尔

Arras Arras 阿拉斯

Attigny Attigny 阿蒂尼厄

Aquilée Aguileia 阿奎莱亚

Aquitaine Aquitaine 阿基坦

Audenarde Audenarde 奥德纳尔德

Avignon Avignon 阿维尼翁

B

Bagdad Bagdad 巴格达

Baltique Baltic 波罗的海

Barcelone Barcelona 巴塞罗那

Bari Bari 巴里

Bar-sur-Aube Bar-sur-Aube 奥布河畔巴尔

Bavais Bavais 巴韦

Bayonne Bayonne 巴荣纳

Beaumont Beaumont 博芒特
Beauvais Beauvais 博韦
Bénévent Benevento 贝内文托
Bergame Bergamo 贝加莫
Bohême Bohemia 波希米亚
Bône Bona 博纳
Bordeau Bordeau 波尔多
Bosphore Bosporus 博斯普鲁斯海峡
Botnie Bosnia 波斯尼亚湾
Bouillon Bouillon 布荣
Bouvines Bouvines 布维内
Brabant Brabant 布拉邦特
Brenner Brenner 布伦内罗
Breteuil Breteuil 布勒特伊
Bruges Bruges 布鲁日
Byzance Byzantium 拜占庭

C

Cambrai Cambrai 康布雷
Cambrésis Cambrésis 康布雷锡
Caire Cairo 开罗
Carthage Carthage 迦太基
Caspienne Caspian 里海
Catalogne Catalonia 加泰罗尼亚
Cenis Cenis 瑟尼山
Champagne Champagne 香巴尼
Christiania Christiania 克里斯蒂亚尼亚
Clermont-Ferrant Clermont-Ferrand 克莱蒙费朗
Cologne Cologne 科隆
Constantinople Constantinople 君士坦丁堡
Corbie Corbie 科比
Corse Corsica 科西嘉
Crémone Cremona 克雷莫纳
Curzola Curzola 库尔左拉

D

Dalmatie Dalmatia 达尔马提亚
Damas Damascus 大马士革
Danemark Denmark 丹麦
Danube Danube 多瑙河
Dinant Dinant 迪南
Dnieper Dnieper 第聂伯河
Dorsoduro Dorsoduro 多索杜罗
Douai Douai 杜埃
Dublin Dublin 都柏林
Duna (Dwina) Dvina 德维纳河
Duurstede Duurstede 杜尔斯泰德

E

Ebre Ebro 埃布罗河
Ecosse Scotland 苏格兰
Edesse Edessa 埃德萨
Eename Eename 埃纳默
Egée Aegean 爱琴海
Egypte Egypt 埃及
Elbe Elbe 易北河
El Mehdiah El Mehdia 埃尔梅迪亚
Escaut Escaut 埃斯科河
Etaples Etaples 埃塔普勒
Euphrate Euphrates 幼发拉底河

F

Finlande Finland 芬兰
Flandre Flander 佛兰德尔
Florence Florence 佛罗伦萨
Fos Fos 福斯
Francia Francia 佛兰西亚
Fraxinetum Fraxinetum 佛拉克西纳顿
Frise Friesland 弗里斯兰

G

Galles Wales 威尔士
Gand Ghent 根特
Garde-Frainet Garde-Frainet 卡尔德-佛雷内特
Garonne Garonne 加龙河
Gascogne Gascony 加斯科涅湾
Gatinais Gatinais 加蒂内
Gaul Gaul 高卢
Gènes Genoa 热那亚
Genèvre Genevre 热内弗尔山
Gotland Gotland 哥得兰岛

H

Hainaut Hainault 埃诺
Hambourg Hamburg 汉堡
Herstal Herstal 赫斯塔尔
Hildesheim Hildesheim 希尔德斯海姆
Humber Humber 亨伯河
Huy Huy 于伊

I

Ingelheim Ingelheim 英格尔海因
Ionniene Ionian 爱奥尼亚海
Irlande Irland 爱尔兰
Islande Iceland 冰岛
Istrie Istria 伊斯特里亚

J

Jérusalem Jerusalem 耶路撒冷
Jupille Jupille 朱皮勒

K

Kairouan Kairwan 凯鲁万
Kief Kiev 基辅

L

Ladoga Ladoga 拉多加湖
Lagny Lagny 拉尼
Lagosta Lagosta 拉戈斯塔
Laon Laon 拉昂
Legnano Legnans 莱尼亚诺
Leyde Leyden 莱顿
Liége Liege 列日
Lille Lille 里尔
Lincolnshire Lincolnshire 林肯郡
Lobbes Lobbes 洛伯斯
Lodi Lodi 洛迪
Loire Loire 卢瓦河
Lombardie Lombardy 伦巴第
Lorraine Lorraine 洛林
Lorris Lorris 洛里
Lowat Lovat 洛瓦特河
Lucques Lucca 卢卡
Lyon Lyons 里昂

M

Maestricht Maestricht 迈斯特里奇
Malmédy Malmédy 马尔梅迪
Manche Channel 英吉利海峡
Marseille Marseilles 马赛
Mayence Mainz 梅因兹
Méditerranée Mediterranean 地中海
Messines Messines 梅西纳
Meuse Meuse 默兹河
Milan Milan 米兰
Moselle Moselle 莫泽尔河

N

Nantes Nantes 南特
Naples Naples 那不勒斯
Neva Neva 涅瓦河
Nice Nice 尼斯
Nimes Nimes 尼姆
Noire（Mer）Black（Sea）黑海
Nord（Mer）North（Sea）北海
Normandie Normandy 诺曼底
Novgorod Novgorod 诺夫哥罗德
Noyon Noyon 努瓦荣

O

Olivolo Olivolo 奥利沃洛
Oslo Oslo 奥斯陆
Orléans Orleans 奥尔良

P

Palerme Palermo 巴勒莫
Pas-de-Calais Pas-de-Calais 加来海峡
Pavie Pavia 帕维亚
Persique Persian 波斯湾
Pise Pisa 比萨
Pô Po 波河
Poitou Poitou 普瓦图
Prisches Priches 普里谢
Provence Provence 普罗旺斯
Provins Provins 普罗万
Prusse Prussia 普鲁士
Pyrénées Pyrenees 比利牛斯山

Q

Quentovic Quentovic 康托维克
Quiercy Quiercy 基埃西

R

Radolfzell Radolfzell 拉多尔夫泽尔
Raguza Raguza 拉古察
Ratisbonne Ratisbonne 雷根斯堡
Ravenne Ravenna 拉文纳
Rednitz Rednitz 雷德尼茨河
Reichenau Reichenau 雷舍诺
Rhin Rhine 莱茵河
Rhodes Rhodes 罗得岛
Rhône Rhône 罗讷河
Rialto Rialto 里阿尔托
Romagne Romagna 罗马尼阿
Rouen Rouen 鲁昂
Roussillon Roussillon 鲁西荣
Russie Russia 俄罗斯

S

Saint Bernard Saint Bernard 圣伯纳德

Saint Omer Saint Omer 圣奥梅尔

Saint Quentin Saint Quentin 圣康坦

Saale Saale 萨勒河

Sahara Sahara 撒哈拉

Salzbourg Salzburg 萨尔茨堡

Saône Saone 索恩河

Sardaigne Sardinia 撒丁

Saxe Saxony 萨克森

Schwerin Schwerin 什未林

Seine Seine 塞纳河

Septimer Septimer 瑟普蒂梅山

Sicile Sicily 西西里

Smolensk Smolensk 斯摩棱斯克

Sorgue Sorgue 索格

Sousdal Suzdal 苏兹达尔

Spalato Spalato 斯帕拉托

Spinalunga Spinalunga 斯皮纳隆加

Spire Speyer 施佩耶尔

Splügen Splügen 斯普卢根

Spolète Spoleto 斯波莱托

Stavelot Stavelot 斯塔弗洛

Strasbourg Strasbourg 斯特拉斯堡

Sund Sund 松得海峡

Syrie Syria 叙利亚

T

Tarente Tarentum 塔兰托

Térouanne Térouanne 泰鲁阿纳

Thourout Thourout 图鲁

Thuringe Thuringia 图林根

Tiel Tiel 蒂埃尔

Tolède Toledo 托莱多

Tongres Tongres 通格雷

Toscane Tuscany 托斯卡纳

Toulon Toulon 土伦

Tournai Tournai 图尔内

Tours Tours 图尔

Trau Trau 特罗

Troies Troyes 特鲁瓦

Tunis Tunis 突尼斯

Tyr Tyre 蒂尔

Tyrrhénienne Tyrrhenian 第勒尼安海

U

Utrecht Utrecht 乌德勒支

Uzès Uzès 于泽

V

Valence Valence 瓦朗斯

Valence Valencia 巴伦西亚

Valenciennes Valenciennes 瓦朗西安

Var Var 瓦尔

Veglia Veglia 维格利亚

Venise Venice 威尼斯

Verdun Verdun 凡尔登

Vérone Verona 维罗纳

Vienne Vienne 维也纳

Vistule Vistula 维斯杜拉河

Volga Volga 伏尔加河

W

Weser Weser 威悉河

Wolchow Volchof 沃尔乔夫

Worms Worms 沃尔姆斯

Y

Yser Yser 伊塞河

Ypres Ypres 伊普雷

Z

Zara Zara 扎拉

Zélande Zealand 西兰

Zwin Zwin 兹万湾

附录二　人名中外文对照表

本表列入书中所见之人名，有法、英、汉三种文字对照，按法语字母顺序排列。凡法语地区的人名均按法语译音，其他地区的人名则根据名从主人的原则酌情处理。如威尼斯督治皮埃特罗二世，法文本为 Pierre II，英文本为 Pietro II，就是根据英文本按意大利语译音的。少数人名能查对出拉丁文原名的则按拉丁文译音，如 Saint Bavon（拉丁文为 Bavonis）译为圣巴沃尼斯。用作修道院和教堂名的圣徒名列入人名表内，而已成为地名的圣徒名则列入地名表内。

A

Adalars 阿达拉尔

Agobard 阿戈巴尔

Alcuin Alcuin 阿尔琴

Arnould II Arnould II 阿诺尔德二世

B

Baudouin IV Baldwin IV 博杜安四世

Beaumanoir Beaumanoir 博马努瓦尔

Boëce Boëthius 波提乌斯

C

Cade（Willian）Cade（Willian）凯德（威廉）

Cassiodore Cassiodorus 卡西奥多罗斯

Charles le bon Charles the Good 好心的查理

Charles le Simple Charles the Simple 纯朴的查理

Childebert Childebert 希尔德贝尔

Clothaire Clotaire 克洛泰尔

Clovis Clovis 克洛维

O

Oreseolo (Pierre II) Orseolo (Pietro II) 奥赛罗(皮埃特罗二世)

Otbert Otbert 奥特贝尔

Otton Otto 奥托

Otton de Freisingen Otto of Freisingen 弗赖辛根的奥托

P

Pépin le Bref Pepin le Bref 矮子丕平

Philippe-Auguste Philip Augustus 菲利普-奥古斯都

Porphyrogénète (Constantin) Porphyrogenetus (Constantine) 波菲罗格涅图斯(君士坦丁)

R

Rabel (Wulfric) Rabel (Wulfric) 拉贝(维尔费里)

Ramihrdus Ramihrdus 拉弥尔杜斯

Rialto Rialto 里阿尔托

Robert de Jérusalem Robert of Jerusalem 耶路撒冷的罗贝尔

Robert le Frison Robert the Friesian 弗里斯兰人罗贝尔

Roland Roland 罗兰

Rollon Rollo 罗隆

Romulus Augustulus Romulus Augustulus 罗慕路斯·奥古斯都鲁斯

S

Saint Amand Saint Amand 圣阿芒德

Saint Augustin Saint Augustine 圣奥古斯丁

Saint Bavon Saint Bavonis 圣巴沃尼斯

Saint Benoît Saint Benedict 圣本笃

Saint Bertin Saint Bertin 圣柏尔提尼

Saint Boniface Saint Boniface 圣博尼法斯

Saint Christophe Saint Christophe 圣克里斯托夫

Saint Denys Saint Denys 圣德尼

Saint Godric de Finchale Saint Godric of Finchale 芬查尔的圣戈德里基

Saint Guidon d'Anderlecht Saint Guidon of Anderlecht 安德莱赫特的圣吉东

Saint Hubert Saint Hubert 圣于贝尔

Saint-Jean-Baptist Saint John the Baptist 施洗礼者圣约翰

Saint Jérome Saint Jerome 圣杰罗姆

Saint Pharaïlde Saint Pharaïlde 圣法拉伊尔德

Saint Pierre Saint Peter 圣彼得

Saint Remacle Saint Remade 圣勒马克尔

Saint Riquier Saint Riquier 圣里基埃

Saint Vasst Saint Vasst 圣瓦斯特

Samo Samo 萨莫

Sigebert III Sigebert III 西热贝尔三世

附录三　族名中外文对照表

本表列入书中所见之族名，有法、英、汉三种文字对照，按法语字母顺序排列。

Anglo-Saxon Anglo-Saxon 盎格鲁-撒克逊人
Avar Avar 阿瓦人
Burgonde Burgundian 勃艮第人
Celte Celte 凯尔特人
Danois Danes 丹麦人
Etrusque Etruscan 伊特鲁里亚人
Flamand Fleming (Flemish) 佛兰德尔人
Franc Frank 法兰克人
Frison Friesian 弗里斯兰人
Gaulois Gaul 高卢人
Goth Goth 哥特人
Grec Greek 希腊人
Hongrois Hungarian 匈牙利人
Hun Hun 匈奴人
Latin Latin 拉丁人
Lombard Lombard 伦巴德人
Marcoman Marcomanni 马尔科马尼人
Menapien Menapii 墨那皮人
Morin Morinii 摩里尼人
Normand Norseman 诺曼人
Norvégien Norwegian 挪威人
Petchénégue Petcheneg 佩切涅格人
Phénicien Phœnician 腓尼基人
Quades Quadi 库阿迪人
Romain Roman 罗马人
Sarrasin Saracen 萨拉森人
Slave Slav 斯拉夫人
Souabe Swabian 斯瓦本人
Suédois Swede 瑞典人
Suève Suevi 苏埃维人
Vandale Vandal 汪达尔人
Varègue Varangian 瓦兰吉亚人
Wende Wend 温德人

附录四　参考著作中外文对照目录

(一) 本书作者皮雷纳的著作

Mahomet et Charlemagne;《穆罕默德和查理大帝》。

Un contraste économique. Mérovingiens et Carolingiens;《经济对比:墨洛温王朝和加洛林王朝》。

Draps de Frise ou draps de Flandre?;《弗里斯兰的呢绒还是佛兰德尔的呢绒?》。

Liberté et propriété en Flandre du 9e au 12e siècle;《九至十二世纪佛兰德尔的自由和地产》。

Les villes flamandes avant le 12e siècle;《十二世纪以前佛兰德尔的城市》。

Histoire de Belgique;《比利时史》。

Les Périodes de l'histoire sociale du capitalisme;《资本主义的社会史的各时期》。

La Hanse flamande de Londres;《伦敦的佛兰德尔的汉萨》。

L'origine des constitutions urbaines au Moyen Age;《中世纪城市制度的起源》。

Villes, marchés et marchands au Moyen Age;《中世纪的城市、市场和商人》。

Les anciennes démocraties du Pays-Bas;《尼德兰的古代民主政治》。

Les coutumes de la Gilde marchande de Saint-Omer;《圣奥梅尔商人基尔特的惯例》〔与 G. Espinas (埃斯皮纳斯)合著〕。

（二）法文著作

L. Bréhier, *Les colonies d'Orientaux en Occident au commencement du Moyen Age*; L. 布雷伊埃:《中世纪初期东方人在西方的侨居地》。

F. Cumont, *Les religions orientales dans le paganisme romain*; F. 居蒙:《在罗马异教中的东方宗教》。

Fustel de Coulanges, *La Monarchie franque*; 菲斯泰尔・德・库朗热:《法兰克王国》。

M. Prou, *Catalogue des monnaies mérovingiennes de la Bibliothèque Nationale de Paris*; M. 普鲁:《巴黎国家图书馆墨洛温王朝货币目录》。

M. Prou, *Manuel de paléographie*; M. 普鲁:《古文字学教程》。

L. Levillain, *Examen critique des chartes mérovingiennes et carolingiennes de l'abbaye de Corbie*; L. 勒维兰:《墨洛温王朝和加洛林王朝授予科比修道院的特许状的考证研究》。

Polyptique de l'abbé Irminon (éd. Guérard);《修道院长伊尔米农的土地农奴清册》(盖拉尔校注)。

Giry, *Manuel de diplomatique*; 吉里:《古文书学教程》。

Halkin et Roland, *Cartulaire de l'Abbaye de Stavelot-Malmédy*; 阿尔坎和罗兰:《斯塔弗洛-马尔梅迪修道院文件集》。

Ch. de la Roncière, *Charlemagne et la civilisation maritime*; Ch. 德・拉龙西埃尔:《查理大帝和九世纪的沿海文明》。

Imbart de la tour, *Des immunités commerciales accordées aux églises du 7e au 9e siècle*; 安巴尔・德・拉图尔:《七至九世纪授予教堂的商业特免权》。

F. Lot, *Un grand domaine à l'époque franque. Ardin en Poitou*; F. 洛:《法兰克时代的一个大领地・普瓦图的阿尔丹》。

H. Van Werveke, *Grands propriétaires en Flandre au 7e et 8e siècle*; H. 范・韦弗克:《七和八世纪佛兰德尔的大领主》。

H. Van Werveke, *Comment les établissements religieux belges se procuraient-ils du Vin au haut Moyen Age?*; H. 范・韦弗克:《中世纪初期比利时的宗教机构如何得到葡萄酒?》。

M. Bloch, *L'origine et la date du Capitulare de Villis*; M. 布洛赫:《庄园敕令的由来和日期》。

A. Blanchert, *Les enceintes romaines de la Gaule*; A. 布朗谢:《高卢的罗马城镇》。

L. Halphen, *Paris sous les premiers Capétiens*; L. 阿尔方:《卡佩王朝初期的巴黎》。

L. H. Labande, *Histoire de Beauvais et de ses institutions communales*; L. H. 拉邦德:《博韦及其公社制度史》。

Hariulf, *Chronique de l'abbaye de Saint-Riquier* (éd. F. Lot);哈里乌尔弗:《圣里基埃修道院编年史》(F. 洛校注)。

R. Parisot, *Le royaume de Lorraine sous les Carolingiens*; R. 帕里索:《加洛林时代的洛林王国》。

Brutails, *Histoire des classes rurales dans le Roussillon*; 布吕塔伊:《鲁西荣省的农村阶级史》。

G. Des Marez, *Le sens juridique du mot oppidum*; G. 代・马雷:《oppidum一词的法律含义》。

G. Des Marez, *Etude sur la propriété foncière dans les villes du Moyen Age et spéciallement en Flandre*; G. 代・马雷:《中世纪的特别是佛兰德尔的城市中地产的研究》。

W. Blommaert, *Les châtelains de Flandre*; W. 布洛马埃:《佛兰德尔的城堡主》。

Lambert de Hersfeld, *Annales* (éd. O. Hold-Egger); 赫斯费尔德的朗贝尔:《编年史》(O. 霍尔德-埃格校注)。

Suger, *Recueil des Historiens de France*;絮热:《法国史学家文集》。

A. Andréadès, *De la population de Constantinople sous les empereurs byzantins*; A. 昂德雷阿代:《拜占庭皇帝时期君士坦丁堡的人口》。

Heyd, *Histoire du commerce du Levant*; 埃伊德:《地中海东岸地区的商业史》。

E. Du Méril, *Poésies populaires latines du Moyen Age*; E. 迪・梅里:《中世纪拉丁文民间诗》。

Galbert de Bruges, *Histoire du meurtre de Charles le Bon, comte de Flandre* (éd. H. Pirenne);布鲁日的加尔贝:《佛兰德尔伯爵,好心的查理遇害始末》(H. 皮雷纳校注)。

Engel et Serrure, *Manuel de Numismatique du Moyen Age*; 昂热和塞吕尔:《中世纪古钱学教程》。

Pigeonneau, *Histoire du commerce de la France*; 皮热奥诺:《法国商业史》。

Gestes des évêques de Cambrai (éd. Ch. De Smedt);《康布雷主教言行录》(Ch. 德·斯梅特校注)。

L. Febvre, *La terre et l'évolution humaine*; L. 费弗尔:《大地和人类的进化》。

A. Giry, *Histoire de la ville de Saint-Omer*; A. 吉里:《圣奥梅尔市史》。

Piot, *Cartulaire de l'abbaye d'Eename*; 皮奥:《埃纳默修道院文件集》。

Guiman, *Cartulaire de Saint-Vasst d'Arras* (éd. Van Drival);吉芒:《阿拉斯的圣瓦斯特修道院文件集》(范·德里瓦校注)。

G. Kurth, *Notger de Liége et la civilisation au 10e siècle*; G. 居尔特:《列日的诺热和十世纪的文明》。

H. Van der Linden, *Les gildes marchandes dans les Pays-Bas au Moyen Age*; H. 范·代·兰当:《中世纪尼德兰的商人基尔特》。

Beaumanoir, *Coutumes de Beauvais* (éd. Salmon);博马努瓦尔:《博韦的惯例》(萨尔蒙校注)。

G. Espinas, *La Vie urbaine de Douai au Moyen Age*; G. 埃斯皮纳斯:《中世纪杜埃的城市生活》。

R. Génestal, *Le rôle des monastères comme établissements de crédit*; R. 热内斯塔:《修道院作为贷款机构的作用》。

G. Bigwood, *Le régime juridique et économique de l'argent dans la Belgique du Moyen Age*; G. 比格武德:《中世纪比利时有关金融的司法和经济制度》。

(三)德文著作

P. Scheffer-Boichorst, *Zur Geschichte der Syrer im Abendlande*; P. 舍费

尔-博伊肖斯特:《在西方的叙利亚人的历史》。

A. Dopsch, *Wirtschaftliche und Soziale Grundlagen der Europäischen Kulturentwickelung*; A. 多普施:《欧洲文化发展的经济和社会基础》。

A. Dopsch, *Die Wirtschaftsentwicklung der Karolingerzeit*; A. 多普施:《加洛林时代的经济发展》。

E. Mayer, *Deutsche und französische Verfassungsgeschichte*; E. 迈尔:《德国和法国政治制度史》。

E. Mayer, *Italienische Verfassungsgeschichte*; E. 迈尔:《意大利政治制度史》。

F. Kiener, *Verfassungsgeschichte der Provence*; F. 基内:《普罗旺斯政治制度史》。

J. Goll, *Samo und die Karantinichen Slaven*; J. 戈尔:《萨莫和卡兰蒂尼的斯拉夫人》。

F. Dahn, *Uber Handel und Handelsrecht der Westgothen. Bausteine*; F. 达恩:《西哥特人的商业和商业法·建筑用石》。

G. Waitz, *Verfassungsgeschichte*; G. 魏茨:《政治制度史》。

G. Waitz, *Deutsche Verfassungsgeschichte*; G. 魏茨:《德国政治制度史》。

P. A. Scheffel, *Verkehrsgeschichte der Alpen*; P. A. 舍费尔:《阿尔卑斯山交通史》。

A. Schulte, *Geschichte des Mittelalterlichen Handels und Verkehrs zwischen Westdeutschland und Italien*; A. 许尔特:《中世纪德国西部和意大利间商业和交通史》。

W. Vogel, *Die Normannen und das fränkische Reich*; W. 福格尔:《诺曼人和法兰克王国》。

W. Vogel, *Zur Nord- und Westeuropäischen Seeschiftfahrt im früheren Mittelalter*; W. 福格尔:《中古初期欧洲北部和西部的航海》。

W. Vogel, *Ein Seefahrender Kaufmann um 1100*; W. 福格尔:《1100 年的一名漂洋过海的商人》。

Aronius, *Regesten zur Geschichte der Juden im fränkischen und deutschen Reiche bis zum Jahre 1273*; 阿罗尼乌斯:《1273 年以前法兰克和日耳曼

诸国犹太人的编年史》。

K. Rathgen, *Die Entstehung der Märkte in Deutschland*; K. 拉特根:《德国市场的产生》。

W. Wittich, *Die Grundherrschaft in Nordwestdeutschland*; W. 维蒂希:《德国西北部的领主统治》。

K. Gareis, *Die Landgüterordnung Karls des Grossen*; K. 加赖斯:《查理大帝的土地制度》。

F. Keutgen, *Aemter und Zünfte*; F. 科伊特根:《公会和行会》。

F. Keutgen, *Untersuchungen über den Ursprung der deutschen Stadtverfassung*; F. 科伊特根:《德意志城市制度的起源的研究》。

F. Keutgen, *Urkunden zur Städtischen Verfassungsgeschichte*; F. 科伊特根:《城市制度史的文献》。

W. Thomsen, *Der Ursprung des Russischen Staates*; W. 汤姆森:《俄罗斯国的起源》。

L. Hulberti, *Studien zur Rechtsgeschichte der Gottsfrieden und Landfrieden*; L. 胡贝蒂:《上帝的和平与尘世的和平的法律史的研究》。

S. Rietschel, *Markt und Stadt in ihrem rechtlichen Verhältniss*; S. 里切尔:《市场与城市之间的法律关系》。

S. Rietschel, *Die civitas auf deutschem Boden bis zum Ausgange der Karolingerzeit*; S. 里切尔:《加洛林时代末期德意志土地上的城市》。

F. Schneider, *Die Entstehung von Burg und Landgemeinde in Italien*; F. 施赖德:《意大利的城堡和城镇的产生》。

K. Hegel, *Neues Archiv der Gesellschaft für ältere deutsche Geschichtskunde*; K. 黑格尔:《古代德意志史学学会新文库》。

K. Hegel, *Städte und Gilden der Germanischen Völker*; K. 黑格尔:《日耳曼各民族的城市和基尔特》。

K. Hegel, *Geschichte des Städteverfassung von Italien*; K. 黑格尔:《意大利的城市制度史》。

E. Dümmler, *Geschichte des Ostfränkischen Reiches*; E. 迪姆勒:《东法兰克王国史》。

E. Dümmler, *Jahrbücher des Fränkischen Reiches*; E. 迪姆勒:《法兰克王国年表》。

C. Koehne, *Burgen, Burgmannen und Städte*; C. 克恩:《城堡、城堡居民和城市》。

C. Kœhne, *Das Hansgrafenamt*; C. 克恩:《汉萨伯爵》。

L. M. Hartmann, *Die Wirtschaftlichen Anfänge Venedigs*; L. M. 哈特曼:《威尼斯经济之发轫》。

L. Brentano, *Die Byzantinische Volkswirtschaft*; L. 勃伦塔诺:《拜占庭的国民经济》。

R. Heynen, *Zur Entstehung des Kapitalismus in Venedig*; R. 海南:《威尼斯资本主义的产生》。

K. Schaube, *Handelsgeschichte der Romanischen Völker*; K. 绍布:《罗曼语民族的商业史》。

A. Bugge, *Die Nordeuropäischen Verkehrswege im frühen Mittelalter*; A. 布格:《中古初期欧洲北部的交通道路》。

Lieberman, *Gesetze der Angelsachsen*; 利伯曼:《盎格鲁-撒克逊人的法律》。

H. Sieveking, *Die Kapitalistische Entwicklung in den italienischen Staaten des Mittelalters*; H. 西韦金:《中古意大利诸国资本主义的发展》。

L. Goldschmidt, *Handbuch des Handelsrechts*; L. 戈尔德施密特:《商业法手册》。

L. Goldschmidt, *Universalgeschichte des Handelsrechts*; L. 戈尔德施密特:《世界商业法史》。

F. Kurschmann, *Hungersnöte im Mittelalter*; F. 库尔施曼:《中古的饥荒》。

C. Jirecek, *Die Bedeutung von Raguza in der Handelsgeschichte des Mittelalters*; C. 伊雷策克:《拉古察在中古商业史上的重要性》。

W. Stein, *Hansa*; W. 施泰因:《汉萨》。

Gengler, *Stadtrechtsaltertümer*; 根格勒:《古代城市法》。

Hauck, *Kirchengeschichte Deutschlands*; 豪克:《德国教会史》。

Davidsohn, *Geschichte von Florenz*; 达维德佐恩:《佛罗伦萨史》。

Reinecke, *Geschichte der Stadt Cambrai*; 赖内克:《康布雷市史》。

Warnkœnig, *Flandrische Staats und Rechtsgeschichte*; 瓦恩柯尼希:《佛兰德尔的城市和法律史》。

F. Schaube, *Der Kampf gegen den Zinswucher, ungerechten Preis und unlauteren Handel im Mittelalter*; F. 绍布:《中古反对高利贷、不公平的价格和贪婪自私的商业的斗争》。

(四) 英文著作

J. W. Thompson, *The Commerce of France in the Ninth Century*; J. W. 汤普森:《九世纪的法兰西商业》。

N. Rostovtzev, *Iranians and Greeks in South Russia*; *The Origin of the Russian State on the Dnieper*; N. 罗斯托夫采夫:《在南俄罗斯的伊朗人和希腊人》;《第聂伯河流域的俄罗斯国的起源》。

W. Thomsen, *The Relations between Ancient Russia and the Origin of the Russian State*; W. 汤姆森:《古代俄罗斯和俄罗斯国起源之间的关系》。

W. Maitland, *Township and Borough*; W. 梅特兰:《城镇和城堡》。

M. C. Stephenson, *The Origin of the English Towns*; M. C. 斯蒂芬森:《英国城镇的起源》。

Eugène-H. Byrne, *Commercial Contracts of the Genoese in the Syrian Trade of the Twelfth Century*; 尤金-H. 伯恩:《十二世纪热那亚人在和叙利亚通商中所订之商约》。

Eugène-H. Byrne, *Genoese Trade with Syria in the Twelfth Century*; 尤金-H. 伯恩:《十二世纪热那亚人和叙利亚的贸易》。

Ch. Gross, *The Court of Piepowder*; Ch. 格罗斯:《灰尘脚板的法庭》。

Ch. Gross, *The Gild Merchant*; Ch. 格罗斯:《商人基尔特》。

Murray, *New English Dictionary*; 默里:《新英语辞典》。

M. T. Stead, *William Cade, a Financier of the 12th Century*; M. T. 斯特德:《威廉·凯德,十二世纪的一位金融家》。

(五) 西班牙文著作

C. Sanchez-Albornoz, *Estampas de la vida en Leon durante el siglo X*; C.

桑切·阿尔沃尔诺:《十世纪莱昂生活图景》。

(六)荷兰文著作

J. De Vries, *De Wikingen in de lage landen bij de zee*; J. 德·弗里斯:《北欧海盗在沿海低地》。

(七)俄文著作

B. Kloutchevski, *Curs Russkoi Istorii*; B. 克柳切夫斯基:《俄国史教程》。

J. M. Kulischer, *Istoria Russkoi torgovli*; J. M. 库利舍尔:《俄罗斯商业史》。

N. Ottokar, *Opiti po istorii franzouskich gorodov*; N. 奥托卡尔:《法国城市史试编》。

(八)拉丁文著作

Monumenta Germanica Historica;《德意志历史文献》。

Gesta Dagobert;《达戈贝尔言行录》。

Gesta episcoporum Cameracensium;《康布雷主教言行录》。

Miracula Sancti Bertini;《圣柏尔提尼的奇迹》。

Vita Theogeri;《特奥格里生平》。

Alpert, *De diversitate temporum*; 阿尔佩尔特:《论时代之差异》。

Miracula S. Womari;《圣沃马里的奇迹》。

Vita Eparchi;《厄帕尔基生平》。

Vita Macarii;《马卡里伊生平》。

Chronicon S. Andreae Castri Cameracesii;《康布雷锡堡圣安德烈年表》。

Gesta abbatum Trudonensium;《特鲁多宁西乌姆修道院院长言行录》。

Miracula Sancti Bavonis;《圣巴沃尼斯的奇迹》。

Guillaume le Breton, *Philipidis*; 布列塔尼的纪尧姆:《菲利普》。

Historia Francorum (éd. Krusch);《法兰克人史》(克鲁施校注)。

Grégoire le Grand, *Epistolae*; 教皇格雷戈里一世:《书信集》。

Marculfi Formulae (éd. Zeumer);《马库尔菲的税则》(措伊默尔校注)。

Capitularia regum Francorum (éd. Boretius);《法兰克王国敕令汇编》(波雷提乌斯校注)。

Capitulare de Villis;《庄园敕令》。

Liber Miraculorum Sanct Fidis (éd. A. Bouillet);《圣菲狄斯的奇迹》(A. 布耶校注)。

Reginaldo monacho Dunelmensi, *Libellus de vita et miraculis S. Godrici, heremitae de Finchale* (éd. Stevenson);杜涅尔门西的隐修士雷吉那尔多:《芬查尔的隐修士圣戈德里基的生平和奇迹》(斯蒂芬森校注)。

Acta Sanctorum, *Sept*;《圣徒传之七》。

Richer, *Historiae*; 里歇:《历史》。

Digest;《法理汇要》。

Isidore de Séville, *Etymologiae*; 塞维利亚的伊思多尔:《词源学》。

Guibert de Nogent, *De vita sua* (éd. Bourgin);诺让的吉贝尔:《生活杂记》(布尔甘校注)。

Decretum;《通谕》。

Constantin Porphyrogénète, *De administrando imperio*; 君士坦丁·波菲罗格涅图斯:《论帝国之管理》。

图书在版编目(CIP)数据

中世纪的城市:经济和社会史评论/(比)亨利·皮雷纳著;陈国樑译.—北京:商务印书馆,2017
(汉译世界学术名著丛书:120年纪念版:珍藏本)
ISBN 978-7-100-14228-1

Ⅰ.①中… Ⅱ.①亨… ②陈… Ⅲ.①城市史—欧洲—中世纪 Ⅳ.①K950.5

中国版本图书馆CIP数据核字(2017)第137835号

汉译世界学术名著丛书
(120年纪念版·珍藏本)
中世纪的城市
(经济和社会史评论)
〔比利时〕亨利·皮雷纳 著
陈国樑 译

商 务 印 书 馆 出 版
(北京王府井大街36号 邮政编码100710)
商 务 印 书 馆 发 行
北京中科印刷有限公司印刷
ISBN 978-7-100-14228-1

2017年12月第1版 开本710×1000 1/16
2017年12月北京第1次印刷 印张11
定价:55.00元